宝宝3岁
如何轻松适应幼儿园

徐宁◎著

廣東旅游出版社
GUANGDONG TRAVEL & TOURISM PRESS
悦读书·悦旅行·悦享人生
中国·广州

图书在版编目（CIP）数据

宝宝 3 岁，如何轻松适应幼儿园 / 徐宁著. -- 广州 : 广东旅游出版社， 2019.7

ISBN 978-7-5570-1824-5

Ⅰ. ①宝… Ⅱ. ①徐… Ⅲ. ①幼儿园一家长工作（教育） Ⅳ. ① G616

中国版本图书馆 CIP 数据核字 (2019) 第 084853 号

宝宝 3 岁，如何轻松适应幼儿园

Baobao 3 Sui,Ruhe Qingsong Shiying You'eryuan

广东旅游出版社出版发行

（广州市环市东路 338 号银政大厦西楼 12 楼　邮编：510180）

印刷：北京军迪印刷有限责任公司

（地址：北京市丰台区刘庄子 101 号）

邮购地址：广州市环市东路 338 号银政大厦西楼 12 楼

联系电话：020-87347732　邮编：510180

787 毫米 ×1092 毫米　16 开　15.5 印张　216 千字

2019 年 7 月第 1 版第 1 次印刷

定价：48.00 元

名人推荐

这是一本有温度的书。它的温度恰如人间四月天，恰如那温暖的阳光，恰如那和煦的春风；它的温度就是爱的温度，爱充盈在字里行间，爱是儿童教育永恒的秘诀。

这是一本有思想的书。它从大处着眼而从小处着手，释疑、解惑、操作性强，没有空洞的理论，却饱含着科学的精神，是深刻洞察体悟了儿童心理而做出的审慎的建议。

这是一本言而未尽的书。它只讲了幼儿入园这一话题而未涉及其他，但书中所释放的高贵情感和科学精神，似可运用于关于儿童教育的一切话题之中。

——国家关工委事业发展中心儿童教育高级顾问

蔡景昆

名人推荐

幼儿阶段是孩子社会性品质形成的重要阶段，幼儿园更是孩子一生中第一个脱离父母，独自学习、成长的重要环境。

现代的家长对于幼儿阶段教育的重要性都很认同，然而他们在如何选择一所满意的幼儿园，怎样帮助宝宝适应幼儿园生活，如何与幼儿园更好地互动、配合等方面则更多采取“摸着石头过河”的方式，兵来将挡，水来土掩，以至于有些方式和手段无法满足孩子成长的需求，甚至制约了孩子的成长。

面对宝宝入园不仅要做好物质准备，宝宝和爸爸、妈妈更需要做好心理铺垫。只有做足心理功课，才能对即将开启的成长之旅应对自如、得心应手。作为家长，对幼儿园有一个正确的认识和定位，才能够与幼儿园进行互动、配合，为宝宝营造出家园统一标准、共同教育的良好氛围。

本书全面翔实地向各位家长介绍了各类园所的选择、评价要件，解决了家长们对园所选择的专业性问题，同时就宝宝入园前的物质、能力与心理准备，入园后可能出现的各种情况与正确、积极的应对措施都做了详细的解读，相信一定会满足各位宝爸、宝妈的需要。

——北京市海淀区领秀硅谷凯尔宝宝婴幼园园长

叶楠楠

CONTENTS

目录

第三章 快乐入园需要做足准备

第四章 帮宝宝尽快适应幼儿园

前言

从一个新生命诞生起，妈妈爱的目光就无时无刻不在关注着他：宝宝睡了、醒了、渴了、饿了、拉了、尿了、哭了、笑了……在妈妈爱的关注中，宝宝会翻身了、会坐了、会爬了、会站了、会走了、会跑了……转眼间好像就长大了。

做妈妈的人都有这种体会：宝宝小的时候，总感觉他长得好慢，总盼着宝宝能快一点、再快一点长大；等有一天，宝宝真的长大了——该上幼儿园啦——才忽然感到时光真的像流水一样，昨天还是襁褓里的小不点儿，今天就要开始一种全新的、独立的生活了！

上幼儿园，是宝宝走上独立人生的第一步。从这一天起，宝宝就要离开妈妈关注的目光、温暖的怀抱，离开熟悉的家，来到一个新的、陌生的环境，置身于一群同龄的孩子中间，按照幼儿园的安排过上集体生活，还要自己吃饭、喝水、睡觉、穿衣……一想起这些，每个做妈妈的都会忐忑不安。

怎样才能帮助宝宝尽快适应幼儿园的生活？什么时候入园合适？怎么选择幼儿园？幼儿园的一天是怎么安排的？宝宝能不能适应、能不能自己照顾好自己？老师会怎么对待宝宝、小朋友会怎么和宝宝相处……宝宝入园这件事，对每个家庭来说，无异于一个复杂的“工程”。

这些担心和疑虑，每位要送宝宝上幼儿园的妈妈都会有；而凡是“过来人”，只要提起这段经历，也都能讲出一堆的故事。其实，虽说是宝宝要上幼儿园，但究竟选择什么样的幼儿园，怎样为宝宝进入幼儿园做准备、打基础，怎样才能让宝宝尽快熟悉和适应幼儿园的新生活，都是需要爸爸妈妈事先做好的“功课”。而且，爸爸妈妈和宝宝一样需要了解、熟悉幼儿园，一样需要适应宝宝从家庭进入幼儿园的过程。

希望这本书能够为年轻的父母，解读从选择幼儿园、做好入园准备、适应幼儿园生活的方法，以及面对宝宝在幼儿园中可能遇到的各种状况的应对方案等，带来一些启发、借鉴和帮助。

第一章 把握入园的最佳时机

上幼儿园，对宝宝来说，是开始了一种与原来完全不同的、独立的新生活，对宝宝的能力和心理都是一个考验。所以，宝宝入园要在合适的年龄，并在宝宝具备一定的能力时进行。

一　托儿所与幼儿园

宝宝的父母小时候几乎都有先上妈妈单位的托儿所，到了3岁（本书出现的宝宝年龄均为周岁）才进入幼儿园的经历。现在似乎很少听到托儿所这个说法了，不足3岁的宝宝们都是直接送到幼儿园的小托班里。幼儿园和只管吃、喝、拉、撒、睡这些生活照顾的托儿所肯定不一样。那么，托儿所和幼儿园有什么区别？年龄偏小的宝宝到底该往哪儿送呢？

我国传统的学前教育体制中是有幼儿园和托儿所之分的。

1．托儿所

托儿所多为社会、企事业单位或街道等为了解决新妈妈产后重新工作、宝宝无人看管的问题而开办的，很多托儿所还设有哺乳室。因此，托儿所接收宝宝的年龄，可以从几个月大到满 3 岁以前。

因为招收的宝宝年龄比较小，年龄段也比较分散，所以托儿所主要是以生活上的照顾、保育为主，即照管宝宝的吃、喝、拉、撒、睡和以基本的计划免疫、健康保健为主，教育、教学则属于次要的工作。有些托儿所甚至没有严格地按照年龄分班，也没有完成或执行一定的教育大纲的任务。当然，真正具备幼儿教育背景的教师所占的比例也比较低。

2．传统意义上的幼儿园

传统意义上的幼儿园一般招收年满 3 岁到学龄前的幼儿入园。不同于托儿所，幼儿园大都有着比较严格的入园规定。比如，幼儿入园的年龄一定要达到标准，开始入园的时间一定是在一个学期开学的时候，甚至还有与居住地点或主办单位相关的入园范围的限制等。

在幼儿园，幼儿是按照年龄大小分班的，不同的班级要按照幼儿园教育大纲的要求完成不同的教育、教学内容，并要有相应的考察和测试。所以，幼儿园的师资力量中有幼儿教育专业背景的教师所占的比例就要高得多，每个班配备教师的人数等也有严格的规定。

当然，生活的照顾和保育也是幼儿成长所必需的，幼儿园还要按比例配备保育老师，照顾幼儿的生活、饮食等。

3. 托幼一体式幼儿园

近些年，随着生活水准的提高和社会文化素质的整体提高，无论是政府、社会，还是家长，对教育，尤其是学前教育的重视程度，都在大幅提高。与此同时，在保持“学前教育重点是幼儿园教育”不变的基础上，他们还大力提倡和推广“零岁教育”，把学前教育的范围扩大为从出生起一直到学龄前，从而囊括了家庭教育、社会教育和幼儿园教育等更加广泛和全面的教育领域。原有的教育体制及托幼园所的设置也随之发生了很大的变化。

现在，很多地方的学前教育机构都开始实行“托幼一体化”，不再区分托儿所（0 ~ 3 岁）和幼儿园（3 ~ 6 岁），而是统称为幼儿园。本着为家长、为幼儿服务的宗旨，幼儿园招收幼儿的年龄逐步降低，很多幼儿园专门为 3 岁以下的幼儿设置小托班，招收 2 岁甚至 2 岁以下的幼儿。

当然，和 3 ~ 6 岁宝宝所在的班级相比，小托班保育的任务就重多了。幼儿园一般都会根据小托班宝宝的年龄特点改善教室、休息室的条件，增加或调整保育老师的人数，合理安排作息时间表和饮食，制定适宜的游戏活动和教育教学计划等，以便让它们更加贴近和适合小托班的宝宝。

二　2~3岁是宝宝入园最合适的年龄

有人说宝宝越早入园越好，能够早点适应环境、养成习惯；也有人说宝宝太早上幼儿园不好，太有主意不好管、跟家里人不亲近；家里的老人更是说，老师哪里照顾得过来一大群孩子……那么，宝宝到底什么时候入园才合适呢？

一个宝宝就是一颗星星。天上的星星各不相同，每个宝宝也都有着不同的天赋、优势和性格，有着不同的成长环境和体验。另外，宝宝在身体的发育、智力的发展、能力的培养、习惯的养成等方面也各有不同。就像我们不能让天上的星星同时升起、同时落下一样，实际上，宝宝进入幼儿园的时间并没有严格的规定，而是要综合考虑各种因素。

1. 宝宝的角度

从幼儿身心发育的规律看，3 岁前的宝宝更多需要的是养育，与父母及其他家庭成员在一起，对宝宝身心、情感的发育都非常有益。一般到了 3 岁，宝宝的自我意识就开始萌芽了，自然有了喜欢独立、喜欢探索、喜欢与人交往，尤其是需要与同龄的伙伴交往的愿望。

在我国，大多数家庭的宝宝都是独生子女，宝宝由父母、(外) 祖父母或保姆照管、带大，缺乏同龄玩伴，缺乏在与同龄人互相接触中磨炼自己、发展自己的环境和机会。从心理学的角度看，这是不利于宝宝健康成长的。这种情况下，让宝宝进入幼儿园是解决问题最合适的选择。

2. 家庭的角度

早期教育，尤其是 0 ～ 3 岁宝宝的早期教育中，父母应该是主角，但有时由于种种原因，父母并不能承担起应有的角色任务。比如，父母要工作，祖辈身体不好或不在身边，没有合适的人来照管宝宝；隔辈人带宝宝。一般都对宝宝比较娇惯，甚至过度呵护，这样往往造成宝宝任性、不分是非、独立和自理能力差、缺乏良好的生活习惯等；现在越来越多的全职妈妈带宝宝，妈妈尽心尽力、小心翼翼，导致宝宝接触的人过于简单、交往的范围过于单调，对妈妈非常依赖，这样也不利于宝宝的身心健康；有些家庭是保姆带宝宝，保姆的文化水平、教育方法和观念大都比较落后，往往影响了宝宝智力和个性的发展等。如果面临这些问题，宝宝的教育就要借助外界的力量了。

3. 幼儿园的角度

幼儿园毕竟是集体教育的环境，老师要同时照顾很多的孩子，不可能做到对每个孩子面面俱到、细致入微，对孩子的照顾难免不够周全；而班里的孩子来自四面八方，生活习惯、身体状况各不相同，集体的环境中很容易相互影响、交叉“感染”。

幼儿园是教育机构，是集体环境，作息的安排、活动的设计要以多数孩子能够接受为原则。太小的宝宝或由于某些原因能力发展在同龄宝宝中比较差的幼儿，要适应这种集体作息、集体活动的生活方式，也会有一定的难度。

所以，综合以上这些因素，专家认为，对于家中有合适的人照顾的宝宝，2 岁以后入园比较合适，但最好不要晚过 3 岁。

三 宝宝入园应该具备的基本能力

提到上幼儿园，有的妈妈会觉得不放心、舍不得，认为自家宝宝不会和别的小朋友一起玩，事事都依靠大人，又不会自己吃饭、睡觉、上厕所；有的妈妈会觉得宝宝一直是爷爷奶奶带，老人照顾得太仔细，宝宝变得太娇气、太任性了，应该快点儿送幼儿园“立立规矩”，但又心里没底。

星星发出闪亮的光芒，在哪个季节最亮和所处的自然环境、条件有关。宝宝什么时候上幼儿园，除了要考虑年龄，还要考虑宝宝的成熟程度，换句话说，就是下面提到的几个基本能力的发展程度。

前面我们已经提到过，即使是同龄的宝宝，由于发育水平、成长环境和经历的影响，其各方面能力的发展也不会完全一样。但有关专家和幼儿教师一致认为，进入幼儿园时宝宝具备以下这些能力是必要的。

而且，宝宝的成熟程度越高，也就是相对于宝宝年龄的综合能力发展水平越高，入园后适应幼儿园生活和环境的能力也就越强。如果宝宝的基本能力还没有达到相当的水平，入园后的适应就会有一定困难，最好避免过早地把宝宝送进幼儿园，而是要赶紧“补课”以后再做决定为好。

1. 语言表达能力

宝宝不仅要听懂对方的意思，了解老师、小朋友的要求和意愿，还要有能表达自己大部分意愿的语言能力，能够与别人做简单的沟通，同时也能向别人表述自己的需要和想法。

2. 基本动作技能

宝宝应该具备一些简单技能，可以完成一些基本动作，如跑、跳、登高等运动和丢球、折纸、串珠等手部动作。这样，在入园后，宝宝才不至于因为能力和技能的欠缺，无法参加和完成幼儿园里的游戏活动。

3. 生活能力

宝宝应该具备最基本的生活能力，如自己吃饭、穿脱衣服鞋袜、上厕所、上床入睡等。这是宝宝在幼儿园的集体生活中，能够自己照顾和管理自己、与"大部队"的作息和生活步调基本保持一致的基础。

4. 社交能力

宝宝也要具备一定的社交能力，如能基本懂得"轮流""排队"等规则，能和小朋友一起游戏和协作完成一些"工作任务"；有事情自己解决不了时，会请求别人（老师或小朋友）的帮助；当别人遇到困难求援时，也能在对方的要求下给予力所能及的帮助等。

当然，年龄不足 2 岁就进入小托班的宝宝，在能力的发展上往往不能达到以上的水平。为了帮助这类宝宝，幼儿园和宝宝的父母需要大力合作：一方面，幼儿园对于小托班的宝宝会用缩小班级规模，增加教师、保育老师人数的方法，给予宝宝更周到、细致的照管；另一方面，父母也要尽可能地配合幼儿园，在家中多多给予宝宝学习、练习的指导和实践机会，以促进宝宝能力的发展。这样，宝宝才能更好地适应幼儿园的生活，更好地练就生活自理能力。

四 入园的季节和插班问题

幼儿园也像学校一样，每年大致划分成两个学期，会有报名、招生季。若是没能赶上9月开学，是不是又得再等一年？难道上幼儿园也要像上小学、中学一样按部就班吗，能不能什么时候想上就能上，能不能随时插班？

1. 幼儿园招生时间

在我国，公立幼儿园也是采取与中小学一样的学期制：以每年 9 月到来年 8 月为一个学年，其中从 9 月到来年 1 月中下旬是第一个学期，2 月中下旬到 7 月中旬是第二个学期，两个学期的中间分别有寒假和暑假。

大多数幼儿园都是和中小学一样采取秋季入学的形式，一般是 4 ~ 6 月开始招生，9 月 1 日开始入园。而且，越是设施好、师资力量强、名气大的幼儿园，生源也就越多，每年一次的招生和入园时节都会人满为患。要想进入这样的幼儿园，家长需要提前咨询，并且预先报名等候。所以，春季入园或随时插班就会很难了。

当然，也有一些开办在新建住宅小区的新园，或因为实力加强而扩建的幼儿园，往往会根据幼儿园的设施条件、现有在园幼儿的人数等，在春季增加一次招生。这样的幼儿园一般会在前一个学期期末之前，即 12 月到来年 1 月间招生，到第二个学期开学时让宝宝正式入园。个别的幼儿园也会随时接收插班幼儿，但这样的幼儿园相对来说就比较少了。

现在私立幼儿园（以下简称“私立园”）越来越多，这些幼儿园往往是收费比较高的，在园幼儿的人数也在逐年赶上或超越公立幼儿园（以下简称“公立园”)。私立园虽然也是按照同样的教育模式运行，但常常是每年的春秋季都会招生，还可以随时接收幼儿入园，与公立园相比，就显得灵活很多。

顺便提一下，现在的幼儿园为宝宝和家长考虑，多数都已经不再像原来那样整齐划一地放寒暑假了。到了假期，家长可以根据自己的情况决定宝宝是否要放假。

如果家里有人照管，就可以让宝宝在家放假、调整；如果家里没有人照管，还可以将宝宝送到幼儿园，幼儿园会根据来园宝宝的多少安排老师值班和轮休，有些时候宝宝人数较少也会合并班级。

幼儿园解决了以前一到放假宝宝就没有人看管的问题，大大方便了家长。但假期里，幼儿园一般不会安排正规的教学活动，只是让宝宝自由做游戏、玩玩具，照管宝宝的生活、起居。

2. 春季入园与秋季入园

春秋季入园其实各有利弊。

秋季天气凉爽、气候适宜，穿着还算比较简单，宝宝入园后自己解决穿脱衣服、上厕所的问题都比较容易一些，对培养和训练宝宝尽快适应独立完成这些工作比较有益。但入园初期，宝宝多多少少都会因为生活习惯、环境的改变出现不适应的状况，哭闹、烦躁会宝宝很容易“上火”。一旦赶上天气变化、因气温降低而受凉，宝宝就很容易生病。这是妈妈们要多多注意的。

阳春三月，在北方还会有些冷，穿的衣服比较多，整个人都比较笨重，这为宝宝学会独立解决穿脱衣服、上厕所等问题增加了一些难度，但在南方这个问题就不那么明显了。

而且，无论秋季、春季，都是一些流行病、传染病的高发期。宝宝开始进入集体生活，难免会有相互影响、交叉感染的问题。虽然幼儿园会采取一定的防范措施，妈妈们也要根据自家宝宝的体质采取一些预防措施。

3. 插班入园的利与弊

同样的，插班入园也有利有弊。

宝宝插班入园时，班里其他的孩子都已经有了一段适应的过程，熟悉了幼儿园的作息安排，能够完成一定时间的集体活动（出操、游戏或是上课），知道了在幼儿园衣服、水杯、玩具、学具都在什么地方，习惯了要上厕所、要喝水、有什么事情向老师说明，也慢慢学会了遵守幼儿园的纪律、要求和与小朋友相处的规则等。

而插班的宝宝就显得有些不知所措，不能像其他的小朋友一样熟练地完成这些“工作”，又还没有和小朋友相互了解、熟悉起来，有时还会因为动作慢、不会做操、不知道东西放哪里等，被个别小朋友嘲笑、讽刺。如果宝宝比较敏感、胆小，就会因此觉得不如人家而缺乏自信，甚至对上幼儿园产生抵触。

所以，在插班入园前，妈妈们要更加注意对宝宝各方面能力的锻炼，以减少出现这种问题的可能，并且多给宝宝一些心理上的慰藉、安抚。同时，还要多与老师沟通，把宝宝有所欠缺和完成起来有困难的事情提前告诉老师，请老师给予特殊的指导、提醒和协助。另外，妈妈们还需要了解宝宝在幼儿园的表现、遇到和出现了哪些问题，以使宝宝能尽快赶上别的小朋友，加入集体的行列中。

集体入园时，宝宝们都是新生，哭闹现象很普遍，就存在着宝宝之间相互影响、情绪不稳定的问题。老师哄了这个、安慰那个，要同时照顾那么多宝宝，工作量和难度可想而知，可能会有照顾不周的情况出现，也许还会因为工作的压力而情绪急躁、缺乏耐心。

而插班的宝宝在这个方面就有优势了：因为班里大多数幼儿都度过了适应期，老师可以有更多的精力来照顾新入园的宝宝，从情绪、感情、生活上和游戏活动中给予更多关照和引导，为宝宝开些“小灶”。这会非常有利于宝宝尽快度过入园最初的一段艰难日子，尽快融入集体。

关于插班，还有一个问题必须要注意。

有时，按照分班的年龄界限，宝宝出生的月份刚好差那么一点点，就能上高一级的班级。有的妈妈觉得，如果宝宝按规定插班就成了班里年龄最大的孩子，幼儿园学的东西对宝宝来说可能太简单，有些吃亏。于是，妈妈就会想方设法希望能够把宝宝插入高一级的班级里，觉得这样宝宝就能多学点儿、多掌握点儿。

其实不然！幼儿园是要向宝宝讲授一些知识，但更多的还是通过各种游戏、活动来锻炼和发展宝宝的综合能力的。无论从生理上，还是从心理上，幼儿的身心发展都是有一定规律的，并且需要一定的必要过程。而且，即使年龄上相差很少的月份，小宝宝的某些能力也会远差于大宝宝。

如果宝宝插入高一级的班级，在幼儿园的集体生活中，小宝宝往往会处于被动、做“跟班”的局面。长此以往，对宝宝的分析、判断、辨别能力，以及自主性、创造性等，都会有些不利的影响。

另外，因为宝宝年龄小、能力有限，老师往往会对他给予特殊的关照。当有一些额外的，可以为其他人、为班级或是为幼儿园服务的工作时，老师多数会安排相对大些、能力强一些的小朋友，却比较少分配给小宝宝。这时，有的小宝宝会感到自己不如别人、不被老师信任，而缺乏成就感和自信心，对宝宝个性的发展是不利的。

所以，上幼儿园要适时适龄，插班也一样要适时适龄，按照幼儿园分班的年龄界限来确定让宝宝插到哪个班级。

五　2岁以下宝宝入园需谨慎

虽然说宝宝2～3岁是比较合适的入园年龄，但也有些家庭会因为父母工作的关系或者其他特殊情况，不得不把还不到2岁的小宝宝送到幼儿园。这时，该注意些什么呢？

我们前面已经说过，从各方面因素综合考虑，宝宝入园最好是在 2 岁以后，但有些时候，事情并不都像我们期望中的那样十全十美。由于种种因素限制，现实生活中往往会有还不满 2 岁的宝宝就需要送到幼儿园的情况。如果是这样，父母就要特别注意以下几个问题了。

1．确定是否只有把宝宝送到幼儿园才是最合适的选择

尽管进入幼儿园是宝宝人生中不可或缺的经历，幼儿园的生活对宝宝的成长有很多有益的地方，但对于宝宝，尤其是 2 岁以下的宝宝来说，对父母和其他家人的情感性依附是他们身心健康发展的必要条件。宝宝最需要与父母沟通感情，需要父母提供安全的保障，需要父母的关心、保护和足够的关注。如果在宝宝年幼时得不到来自父母的爱与保护，直接的后果就是他们无法很好地应付环境变化、缺乏安全感，以致可能影响其身心的健康发育，甚至其削弱身体的防病能力。

所以，我们仍然要强调，如果宝宝还未满 2 岁，只要家中有人能照顾宝宝，还是要尽量把宝宝留在家中。而一旦确定家庭环境已经真的无法保证宝宝的照顾、教育，必须把宝宝送到幼儿园时，父母就一定要做更加细致、全面的准备工作。

2．选择幼儿园更要谨慎、细心

2 岁以下的宝宝在生活自理能力、活动能力和技巧等方面都还显得

不足，对他们的照管需要更加耐心、细致、周到，对幼儿园的设施设备、教育管理、作息安排等，以及对老师的能力、要求也都更高。所以，在为 2 岁以下的宝宝选择幼儿园时，一定要挑选真正具备接收小宝宝条件的幼儿园。

具体来说，幼儿园的设施设备，包括环境、教室设施、用具用品等，要能够符合小宝宝的生理和年龄特点；要有专门为小宝宝设置的一日生活、作息安排和游戏活动；有适合小宝宝的食谱和食物；管理小宝宝的教师要具备相应的保育、保健和教育知识，实际工作的经验，更要有饱满的爱心、耐心和细心。

还有一点十分重要，那就是小宝宝的班级最好能保持小班设置，即入园宝宝人数要低于一般幼儿园班级人数。这样，老师才能够很好地照顾到每个宝宝。

3．与老师进行更多的交流和随时的沟通

2 岁以下的宝宝因为生活自理能力有限，有很多事情不能很好地独立完成，如不能适应集体生活中的合作与分享，对家人具有强烈的依赖性，不能单独进餐或偏食、挑食，不能独自午睡，甚至还不能很好地走路、跳跃和参加游戏等。同时，因为语言表达还不够完整、准确，有时有问题不能向老师说明，也不能向家长详细描述在幼儿园一天中的情形，遇到与小朋友有争执或心里不高兴等更无法清清楚楚地讲出来。

所以，当宝宝在某些能力上有所欠缺，或在生活上有什么需要老师特殊照顾的地方，身体不舒服或是情绪上有什么波动，父母都需要及时告诉老师，让老师注意随时观察和照顾宝宝。在接宝宝的时候，父母也要向老师了解宝宝在幼儿园一天中的表现、情绪，都做了什么游戏、吃了哪些饭菜等。

回家之后，父母要对宝宝欠缺的能力给予训练；对宝宝情绪的变化给予安抚、调整，鼓励和引导他说出心里的想法和不愉快的感觉；还可以结合从老师那里了解的情况，通过必要的提示、提问，来让宝宝试着

描述幼儿园的生活，从而锻炼其语言表达能力。当宝宝有任何一点点进步时，父母都应该适时地给予表扬、奖励。

现在，很多幼儿园都有家园联系册。值班老师会把宝宝在幼儿园的作息、起居、饮食、情绪等情况，以及需要父母协助的事项都写到上面。父母也要学会很好地利用这个联系册，把宝宝在家的状况、需要老师帮助的地方、对幼儿园的要求等详细提出来。家园之间的交流和沟通，对老师和家长全面了解宝宝入园后的情况，让宝宝尽快适应幼儿园的生活是非常有益处的。

4. 让宝宝具备更好的能力和心理准备

年龄越小的宝宝，身心发育的水平、各种能力的发展和对环境变化的适应能力、心理承受能力就越差，进入幼儿园后出现各种不适应现象的可能性就越大，不适应的状况就越复杂。所以，让2岁以下的宝宝入园，父母要做的准备就应该更加充分。

比如，尽最大的可能让宝宝掌握能力所及的吃饭、穿衣、如厕等生活能力，除了要在日常生活中逐步积累，还要在入园前的1～2个月内进行强化练习；要做到全家配合，按照幼儿园一日的作息时间表安排宝宝每天的生活，按时用餐、睡觉、游戏；强化宝宝即将进入幼儿园的概念，描述幼儿园的环境、生活和各种有趣的事情，带宝宝到幼儿园参观、参加开放日活动等，让宝宝接受上幼儿园的事实，也提前熟悉幼儿园的情况。

5. 给予宝宝更细微、更耐心的关注和爱护

越小的宝宝，对妈妈、对家人的依赖、依恋情结就越强，也就越需要妈妈更多的关爱、呵护。他还不能很好地照管自己，也不会很好地表达自己的愿望和想法或是宣泄心中的不快。宝宝入园后，妈妈就要更加注意观察宝宝的情绪、心情和感受，每天尽量把回家后和周末的时间安排来陪伴宝宝，让宝宝时时感受到妈妈的关注、爱护，体会到妈妈还是和以前一样爱他、重视他，这对缓解宝宝因为生活环境、习惯等变化带来的紧张、焦虑和不安有很大的作用。

六 及时入园好处多多

一项针对2.5～3.5岁且均为独生子女的幼儿园新生的调查发现，这群孩子在不同程度上存在着多动、注意力差、被动和生活自理能力较差的问题，而且宝宝年龄越大，纠正这些问题时的难度就越大。

一般来说，在家庭环境下，无论是由父母还是由（外）祖父母或保姆带大的宝宝，基本上都在延续一个甚至几个成人关怀、照顾一个宝宝的模式。再加上现在的宝宝多是独生子女，如果3岁以后仍然生活在家庭照管的环境中，宝宝容易出现任性、娇惯、自立和自理能力差的情况。无论从能力发展，还是从心理学的角度看，都不利于幼儿成长。

幼儿园主要以活动与游戏为教育手段，在身体、能力、心理、行为等各方面给予幼儿全面、综合的锻炼、学习机会。一方面，幼儿园的集体生活环境为独生子女克服了无兄弟姐妹做伴的先天不足，孩子们在互相接触、交往中磨炼了自己，这正是家庭环境中所缺乏的；另一方面，幼儿园老师一般都能采取比较公平、正确的教育方法改善幼儿的行为问题，能够更好地促进独生子女的身心健康发展。

所以，为了宝宝的全面健康成长，我们还是要强调一般应该在宝宝2～3岁时及时把宝宝送到幼儿园，而不要因为担心宝宝在幼儿园可能会被照顾不周或者不适应等，一味推迟宝宝入园的时间。

七　参加亲子班有助于宝宝顺利入园

现在，越来越多的爸爸妈妈会带宝宝参加各种亲子班。在亲子班里，宝宝可以在爸爸妈妈或其他亲人的陪同下和小朋友们一起唱歌、做游戏。这是帮助宝宝学会与人交流、掌握社交能力的好方法，对宝宝顺利入园也大有益处。

如今大多数家庭只有一个宝宝，因为环境单调，缺乏同伴的交往，造成宝宝的社会性发展不足，许多宝宝在幼儿园往往表现出自私、不合群、喜欢独自活动、入园适应难等特点。而 0 ～ 3 岁的亲子班就是针对这一问题设置的。

亲子班根据宝宝的年龄划分为不同的阶段，以阶段分班，不同的班级有不同的培养目标，开设不同的课程。在亲子班里，老师会带领宝宝和爸爸妈妈一起唱歌、讲故事、玩游戏、做手工等，从而为宝宝提供很好的社会交往情景，让宝宝在团体游戏中学会交往，为宝宝顺利入园打下基础。

通过与孩子一起参加游戏，爸爸妈妈也会懂得如何有效地引导孩子游戏、娱乐，提高家庭教育的质量。亲子班的课程设置一般有先进、现代的教育理念做指导，每个亲子园都有自己的特色课程。其中，比较知名的有蒙台梭利教学、奥尔夫音乐教学、八大智能开发、感觉统合训练等。

1. 亲子班有助于宝宝尽快适应入园生活

① 帮助宝宝提升合作的能力

亲子班好比一个大家庭，在这个家庭里，有宝宝、爸爸妈妈、老师，还有其他的小朋友和他们的爸爸妈妈，老师会指导爸爸妈妈和宝宝们玩各类益智有趣的游戏，教给宝宝们相互合作的办法。通过亲子班的学习，宝宝能力得到了锻炼，爸爸妈妈和宝宝的感情加深了。更重要的是，宝宝学会了如何同其他小朋友友好相处、互相合作。这样，当入园的时候，宝宝就会比较适应集体活动，也会懂得谦让，并与其他小朋友友好相处了。

② 帮助宝宝缓解紧张心理

许多宝宝在刚入园的时候总是喜欢大哭大闹，不愿意去幼儿园，这里有部分原因是宝宝担心与爸爸妈妈分离而缺乏安全感。在亲子班里，由于有爸爸妈妈的陪伴，宝宝往往很容易融入游戏活动中，能轻松自如地体会到游戏的快乐。随着年龄增长，宝宝上幼儿园了，尽管没有爸爸妈妈的陪伴，但还有其他小朋友，有老师，有有趣的游戏活动。这样熟悉的场景也会缓解宝宝的紧张心理，缩短分离焦虑的时间，帮助宝宝尽快适应幼儿园生活。

③ 帮助宝宝适应作息时间

为了和幼儿园接轨，亲子班的作息时间往往和幼儿园保持一致，宝宝按亲子班的作息时间表来活动和休息。与此同时，亲子班也往往会要求爸爸妈妈在家里也按着这个时间表安排宝宝的作息。这样，与幼儿园一致的生物钟养成了，宝宝在入园后，就不会发生该睡午觉的时候不睡，该活动的时候犯困的问题了。

④ 帮助宝宝建立自信

由于亲子班往往遵循孩子的身心发展规律来培养孩子，并辅以先进教育理念指导下的各类特色课程，宝宝的综合能力在精心安排的各类益智游戏活动中得到了提升。这样，在入园后的各类游戏活动中，宝宝会更有经验，能力更强，也会由此变得更自信、更乐观。

2. 如何考察亲子班

① 考察亲子班的教学环境

亲子班一定要符合宝宝的健康成长安全的需要。比如，教学环境要整洁、舒适、绿色环保；玩具材质要符合孩子的年龄特点，要安全环保；电源插座安装的位置不能太低，地面要铺设有适合孩子躺、坐、爬的设施等。

② 考察亲子班的师资力量

亲子班的老师要受过系统、专业的培训，且有专业培训机构颁发的亲子教师上岗资格证书等。只有真正专业的老师，才了解不同年龄宝宝的发育特点，能够充分调动宝宝的情绪，能准确把握课程游戏设置的内涵。

③ 亲自体验亲子班的课程

首先，爸爸妈妈可以带孩子先观摩几节课程，看看是否符合孩子的年龄特点，是否能够循序渐进、由浅入深地开发宝宝的潜力，是否富有特色等。其次，在亲子课程中，突出的是孩子和爸爸妈妈的互动，而不只是宝宝和老师之间的互动。

④ 了解相关的辅助培训

爸爸妈妈还需要看亲子机构是否有针对家长的亲子教育讲座、辅导资料和相关的工作内容。正规的亲子园都会定期为家长提供免费的专家讲座、图书资料，以及家庭教育互动交流平台等。

⑤ 计算亲子班的性价比

性价比也是选择亲子班的一个重要条件，爸爸妈妈可根据课程地点、授课时间，以及自身的经济条件，选择一个性价比相对较高的亲子班。只选对的，不选贵的，才是硬道理。

第二章 选择合适的幼儿园

每一所幼儿园在建制、办园方式、教学特色、环境设施、师资力量等方面都是不同的。如何选择一家合适的幼儿园，是需要爸爸妈妈考虑方方面面的因素和条件，做许多准备工作的。

八　一定要选择正规的幼儿园

每个宝宝入园前，家长都会去了解不只一所幼儿园的情况。这些幼儿园往往各有千秋、各具所长，家长选起来也颇费脑筋：离家近的，条件不一定好；条件好的，可能比较远，接送不方便；有的硬件条件看着很好，但感觉老师的水平一般。家长还会考虑老师是不是有耐心，宝宝会不会喜欢幼儿园的环境……这个取舍还真是挺难的。

美国曾经做过一项针对全国3000位家长的调查，调查显示：在为宝宝选择幼儿园的问题上，家长们最先考虑的因素有两项：一是近便性，也就是幼儿园离家或家长的上班地点近，接送方便；二是他人导向，当家长对于怎么去选幼儿园的信息了解得少或拿不准主意时，通常会去询问邻居、亲友或是认识的人，根据别人的经验、建议，来判断幼儿园的优劣。排列在后面的考虑因素依次为老师、课程、环境、费用、价格。

国内也有类似的调查。调查显示，多数家长在为宝宝选择幼儿园时，考虑的因素依次是：接送方便与否、幼儿园的环境和条件、已入园宝宝家长的评价、师资情况、课程和办园特色、收费情况等。

事实上，因为家庭经济条件的不同、家长教育理念的不同、以往经验的不同，对于这些因素的认识、理解和评价标准，每个宝宝的家长也都会有所不同。比如，有的家长认为幼儿园一定要有空调，免得宝宝受罪；有的则认为还是没有空调好，以免室内外温差太大，宝宝反而容易伤风；有的家长觉得老师应该尽量指导宝宝在力所能及的情况下自己完成各项事情，以锻炼宝宝的能力；有的则认为宝宝还小，很多事情就应该老师来替宝宝做；有的家长认为幼儿园应该采取开放式管理，让宝宝自由发展，不要管束太多；有的则认为应该管得严一些，才能培养出好习惯等。

无论家长心目中的标准如何，在为宝宝选择幼儿园时，首先需要确定的是幼儿园是否正规。

无论是什么体制的幼儿园，在申请设立时都需要经过教委等有关部门的核准。这样，在安全、设施、场地、师资等方面，首先就有了一道教育主管部门监督的保障。而且，在幼儿园投入使用后，管理部门每年也要定期进行检查、评定，这是保证幼儿园质量的重要因素。

所以，在为宝宝选择幼儿园时，家长要对幼儿园多了解一些，再将备选幼儿园列成名单，通过电话咨询了解幼儿园是否是正规幼儿园、师资的来源、评定的结果、教学特色、收费标准等基本情况。然后，依据咨询的结果，考虑幼儿园的位置是否方便接送、收费情况是否与家庭经济实力相符等，进行初步筛选，排除那些不适合的幼儿园。

九　各种不同的办园体制

这些年，早教、幼教领域越来越多地引入了社会力量，现在的幼儿园不仅有教育部门、街道、单位主办的，还有私立幼儿园、国际幼儿园。它们之间的区别是什么呢？

根据我国学前教育管理制度，目前的幼儿园有公立幼儿园、私立幼儿园和合作幼儿园等几种体制，并存在全日制、寄宿制、半日制、定时制、季节制等几种形式。随着教育体制的改革和发展，幼儿园的经营和管理方式在不断调整、充实和完善，也不断有除幼儿园以外的其他类型的学前教育机构和形式出现。

按照办园体制不同，幼儿园主要有公立幼儿园和私立幼儿园两种形式。

1. 公立幼儿园

公立幼儿园是指由国家机关、政府管理部门、企事业单位、社区、福利机构等出资开办的幼儿园。幼儿园的设施设备、师资要求和人员的配备、收费标准、伙食餐点、教育教学、卫生保健、消毒措施等方面都要符合国家有关教育法律法规和各级教委对幼儿园的有关管理规程、指导纲要、教学大纲的要求，要定期接受各级教育行政管理部门和其他相关（如卫生、物价等）管理部门的监督、检查和评定。具体来说，就是根据教育部和各地教育行政管理部门制定的考核、评定标准，组织有关专家进行考评。

公立园有级和类之分，一般分为一级一类、一级二类、二级一类和二级二类等几个级别。因此，公立园从管理、师资、保育、教育教学等各个方面来说都比较严格、规范。

以前的公立园因为“出身”好、不愁生源，难免有些“你爱来不来，你不来有人来”的傲气，在幼儿园的管理、与家长的沟通、教育教学体系和方法、对孩子的照管等方面，比较传统、死板、不够细腻，让家长有苦说不出。

现在，随着教育体制的改革、其他办园形式层出不穷，以及更多新的教育理念、方法传入中国并应用到学前教育中，公立园也在不断地改进自己的管理方式、教学方式，改革设施设备，以求更加贴近和符合社会、家长的要求和希望。所以，截至目前，公立园仍然是绝大部分家长的首选。

2. 私立幼儿园

私立幼儿园是指由个人承包或完全由个人等非公有制教育主体独立出资，或作为主要投资方所办的幼儿园。现在，我国的学前教育实现了长足发展，不仅吸引了国内很多有志于此的人士投入资金、人力、物力，加入到幼儿教育的事业中，还吸引了国外的教育机构和个人到中国来投资。这些人员和资金，给幼教事业注入了新的力量，也从国外带来了很多先进的、有特色的学前教育理念和方法。

很多私立园的软硬件条件都比较好：建园地点适宜，环境优美，园舍宽敞明亮，教学设备设施先进，玩具教具新颖多样，对教师的学历和能力的要求都比较高。一些私立园因为在办学上吸收了国际上先进的教育理念和方法，都有自己与众不同的教学特色，比如蒙台梭利教育、艺术教育、双语教育等。此外，私立园在经营方式、教学内容设置方式、授课方式、对幼儿的教管方式等方面，也都要更加新颖、灵活，以尽可能在各方面适应社会、满足家长的要求。

虽然私立园越来越多，但毕竟没有公立园一直以来相对严格、统一、规范的管理，很多教育教学方式、方法还在不断的尝试和调整中，有些还没有形成系统、完整的教学体系，也还没有完全纳入教育行政管理部门的管理体系，比如进行分级分类的评定等，所以还缺乏完全统一的、公认的评定标准。与此同时，因为私立园完全是营利性质的，收费相对都比较高。

十 全日制幼儿园与寄宿制幼儿园

对于有些宝宝的爸爸妈妈来说，幼儿园是公立还是私立并不是主要的考虑因素，只要条件适合就好。他们面临的问题是，宝宝年龄还小，由于某些原因必须送进幼儿园，却又担心宝宝太小无法适应。其实，现在还有半日制等形式的幼儿园，能让宝宝有一个适应的过程。

现在，宝宝入园除了可以选择以往常见的全日制幼儿园、寄宿制幼儿园以外，还可以选择其他形式的幼儿园。

1. 全日制幼儿园

全日制幼儿园就是人们常说的日托幼儿园，是最常见、最传统的入园形式。正常情况下，每周一到周五（即工作日时），宝宝入园 5 天，早晚由爸爸妈妈接送，白天有 8 ~ 9 小时在幼儿园里生活，晚上和休息日都是同爸爸妈妈一起在家里度过的。

2. 寄宿制幼儿园

寄宿制幼儿园一般就是指整托幼儿园，也有些是在日托幼儿园里开办的整托班。这也是很常见的入园形式。有时，由于种种原因，爸爸妈妈不方便每天接送宝宝，就会选择寄宿制。

这样，宝宝要在幼儿园生活五天四夜。每个周一早上（有的是周日晚上），宝宝被爸爸妈妈送到幼儿园，周一到周四在幼儿园里住宿几个晚上，日常的生活起居由专职老师来负责，要到周五晚上才会被爸爸妈妈接回家。

很多寄宿制幼儿园允许爸爸妈妈在周三晚上接宝宝回家，周四一早送回幼儿园，以缓解宝宝离家周期过长、情感上不适应的情况。至于是否一定要这样做，当然要看爸爸妈妈的工作安排及宝宝的适应情况了。

3. 其他

随着幼儿园经营和管理的市场化，为了满足爸爸妈妈和宝宝的多种需要，很多幼儿园、早教机构还开办了各种不同入园形式的幼儿班。

① 半日制幼儿园

一般来说，选择半日制幼儿园的主要目的是让宝宝提前熟悉幼儿园，适应幼儿园。宝宝每天只在上午来幼儿园，中午就可以由爸爸妈妈接回家，是否在幼儿园用餐可以根据需要来定。有时，幼儿园还会在入园初期的一段时间，允许爸爸妈妈和宝宝一起上幼儿园。

对于年龄比较小、需要经过一段适应期才能正式入园的宝宝，或者对入园时间有特殊要求的爸爸妈妈来说，选择半日制幼儿园就很合适。

② 定时制幼儿园

与半日制类似，只是在园的时间更加灵活，可以由家人和幼儿园协商确定。

③ 季节制幼儿园

以前的幼儿园有统一的寒暑假，有些宝宝一到假期就会没有人看管，一些幼儿园因此开办季节班来解决爸爸妈妈的困难。现在，有些幼儿园也会在寒暑假来园宝宝相对较少、教室有空闲的时候开办季节班，但主要是接受新学期即将入园的宝宝，目的是让他们能有个提前熟悉和适应幼儿园的过程。

十一　幼儿园分级、分类的标准

不少家长从理念上还是比较认可公立园，愿意把宝宝送到那里，但说到幼儿园是怎样分级、分类的，能弄清楚的人却不多。

在评价幼儿园孰优孰劣时，参照由国家教育部门制定的标准，可以说是最全面、最权威的。目前，公立幼儿园的分级、分类标准都是由各地区的教育行政管理部门参照教育部的有关管理规定，并根据地区文化经济发展水平的变化不断进行完善和修改的。所以，各地的具体标准可能略有不同，但基本的要点和原则都是一样的。

在评定中，级别表明的是园内的硬件条件，如环境、场地、设备等；类别表明的是幼儿园的软件条件，如管理水平、教育质量、卫生保健和儿童发展情况等。以北京市为例，幼儿园划分为三级九类，一级一类为最高水平，二级一类和一级二类为较好水平，二级二类为一般水平，二级二类以下为合格，达到基本办园标准。幼儿园的收费实行优质优价的原则，即幼儿园的级类越高，收费标准也就越高。

北京市对一级幼儿园的要求是：

在环境方面，绿化美化好，布局合理，有儿童情趣和教育意义；

幼儿人均活动场地在 4 平方米以上；

园内有音体室、隔离室、保健室、幼儿厨房、幼儿厕所、资料室、教师办公室等；

大型玩教具每班平均 2 件以上，且安全适用，玩教具种类齐全，数量充足，并有较多的自制玩具和物质材料；

适合婴幼儿的图书，人均 4 本以上；

班级人数有硬性的规定：小班 25 人、中班 30 人、大班 35 人，特殊情况下人数可以适当浮动，但浮动人数不得超过 5 人。

北京市一类幼儿园的标准是：

教师的教态亲切和蔼，理解、尊重幼儿，能灵活运用多种方式正确引导幼儿积极主动活动；

能促进幼儿的全面发展、实现各领域的教育目标；

卫生保健设备齐全，能按幼儿年龄及季节完成预防接种工作；

室内外环境清洁，婴幼儿每人一巾一杯，毛巾之间悬挂的距离保持 10 厘米，婴幼儿饭前便后均用流动水洗手，饭后擦嘴，用水杯漱口；

定期洗头洗澡，寄宿制每天洗脚、洗屁股，洗屁股的毛巾每日消毒；

每 2 周换一次食谱，而且 1 岁以下、1 ～ 3 岁、3 ～ 6 岁的饮食制作都有区别，注意荤素搭配、粗细粮搭配、蛋白质互补等。

十二　幼儿园的办园特色

除了前面提到的那些办园体制、分级分类之外，很多幼儿园都会开办特色班或特色课程，比如钢琴、舞蹈、绘画等，可谓名目众多。到底让宝宝学什么好呢？不少父母为此大感头疼，很难一下子做出决定。

中国自古就是一个十分重视教育的国家。社会经济和文化的发展、国际国内各种先进教育理念的传播，使得社会、教育专业人士、父母都对宝宝的教育有了更深层次的认识。随着信息爆炸，竞争日益激烈，整个社会对每个人的个人素质和综合能力的要求越来越高，这就使得素质教育的重要性远不能停留在理论上、口头上。每个宝宝的父母都希望自己的宝宝从小接受最好的教育，学习和掌握更多的知识、技能，具备健全的人格、优秀的素质、全面的能力。顺应这种潮流和需要，幼儿园从方方面面吸取和借鉴了各种幼儿教育的理论和方法，开办多种特色教学内容。

1．多元智能幼儿园

多元智能理论是哈佛大学加德纳（Gardner）教授提出的。该理论认为，每个宝宝虽然脾气、性格、爱好各不相同，成长的环境、经历也千差万别，但都会有他最优秀的、最与众不同的天赋与才能，等待着被发现、被挖掘，等待着为他创造有着最大展示空间的舞台。

宝宝拥有与生俱来的八大智能，包括语言智能、逻辑数学智能、视觉空间智能、运动智能、音乐智能、人际关系智能、自我认识智能和对大自然的辨别智能。这八项智能每个宝宝都拥有，只是在个别智能的发展上会有所差异：有些宝宝语言智能较发达，可音乐智能有些普通；有些宝宝音乐智能表现得特别突出，人际关系智能就显得略逊一筹。多元智能理论认为，如果能在早期发现孩子智能的长处与不足，就能帮助孩子适度地发展或弥补。

多元智能幼儿园就是以这种理论为指导的，通过符合平衡发展的活动，提供完整的学习条件和模式，提供可以刺激多元智能发展、以真实的生活经验作为学习内容的丰富环境，并尊重孩子自己的经验、兴趣和智能倾向，鼓励宝宝的个别化学习、自由探讨和操作及积极提出问题，以此来发现和了解宝宝，来设计、安排在何时、何地，以什么样的内容、方法来帮助宝宝获得更全面的发展。

多元智能幼儿园里，除了硬件设施、设备和环境的要求外，对老师的要求是非常高的。在传统教育模式中，老师的主要任务是传授知识，只要按照大纲、规程备课，按时、按要求上课，组织孩子们完成规定的活动、游戏就可以了。而作为多元智能教师，就不只是简单的教育内容、教育活动的组织者、执行者了！

除了系统地学习多元智能理论，从根本上理解和掌握其教育宗旨、理念和模式外，老师还需要是环境的设计者、学习的观察者和耐心、细致的辅导者：要为宝宝创造适合的环境、条件，设计出符合需要的教育活动，还要在活动中随时观察、做笔记，真实、完整地记录宝宝的发展，以便作为帮助宝宝的参考，使其在擅长和不擅长的智能领域有所成长，并有针对性地进行教育活动的调整、指导等。

所以，如果要选择多元智能幼儿园，对于师资情况的了解显得更加重要。

2. 蒙氏幼儿园

蒙台梭利教育（以下简称“蒙氏教育”）是从西方引进的，它在我国的传播非常广泛，已经有近百年的历史。蒙氏教育的主要特点就是以科学的态度研究儿童，它将孩子的能力称为吸收性心智，即孩子渴望学习知识、认识万事万物的时候，就是教育的开始。儿童在发育的不同阶段有不同的敏感期，而蒙氏教育的内容是根据儿童敏感期的出现来安排的，使教育更自然、更快乐，适合年龄特点，它的特点在于给孩子以充分的自由和适合的环境。

第一次接触蒙氏教育的父母，常常会对那一整套的教具印象深刻。其实，蒙台梭利对教育最大的贡献在于她对儿童的发现，而这些教具的发明，只是为了贯彻她独到教育理念需要的工具。所以，在考察蒙氏幼儿园时，教具是否是进口的倒在其次，最重要的还是要考察教师对蒙氏教育原则的理解与贯彻情况。如果父母有机会提前参观蒙氏园，并能走进教室、聆听一堂试听课的话，不妨通过以下这些要点衡量该园的老师是否真正理解了蒙氏教育的精髓。

① 要观察

看看教室里的教具是否都放在孩子可以自由取放的地方，教室里的图画、挂图等给孩子看的东西，是否都挂在孩子视线所及的高度、位置，而不是从成年人的习惯出发的。既然要发现儿童，从孩子的角度出发就是第一要义。

② 看老师对待孩子的方式

老师在与孩子说话时，是否用蹲下等姿势，保持与孩子相仿的高度；老师是否能够耐心聆听孩子说话，即使孩子说得很慢、不连贯或出错，也能耐心听完，然后用正确的语言复述孩子的话来做示范，而不是简单地打断孩子、不理睬孩子，或是听完就走掉等。

③ 看老师组织教学的能力

蒙氏教育要求老师即使是在组织集中活动或是辅导个别孩子时，也都能注意到教室里发生的每一件事；开始新的活动时，老师要有条理地安排孩子参加，而不是让孩子一拥而上，或是由于毫无章法而使有的孩子完全没有投入其中；当有外界干扰时，比如有父母参观，都不会随意打断或影响孩子正在进行的活动等。

④ 看老师对孩子的教育指导和态度

这也是最能体现蒙氏教育理念精髓的地方。比如，当有的孩子不能跟随集体活动时，老师不是强迫孩子必须和其他小朋友一样，而是尊重孩子的个性，由副班老师照顾或安排其他活动；当孩子学习过程中出现错误或不能胜任时，老师不是急于指出孩子的错误或代替孩子，而是要尽量创造机会让孩子自己发现错误、纠正错误、自己完成，更不能用“你错了”或“你做得不对”这样的语言。

3. 音乐幼儿园

音乐，是透过音调、韵律、节奏的不同组合，对人们喜怒哀乐各种感受的一种自然、本能的表达方式，也是减缓压力、调节情绪的良方。不一定需要多么高水平的演奏、不用多么专业的乐器，只是一两首童年时妈妈低声哼唱的催眠曲和童谣，长大后也会在脑海里久久地、不经意地回旋着这熟悉的旋律。即使从来没有接受过音乐训练的人，也常会在记忆中存有一些旋律，在心情愉悦或是小有成就的时候，下意识地唱上几句哪怕是不成调的歌曲。所以，我们常说音乐是人类不可缺少的精神享受。

对于宝宝来说，感受音乐、学习音乐，在音乐中舒展快乐情绪、汲取人生体验、获得各种知识，更是一种与生俱来的本能。熟悉的、优美的音乐能让婴儿，甚至还在妈妈肚子中的胎儿，舒缓紧张、焦虑的情绪；大一点儿的幼儿会很自然地伴着音乐扭动身体，韵律感、节奏感强的童谣、儿歌几乎是孩子们最容易轻松学会、朗朗上口的。而与音乐结缘，对于孩子的一生来说，就如同有了一个永远陪伴在身边的朋友。

音乐幼儿园就是在这种理念的支持下开设的。幼儿园将为宝宝开设不同的音乐教育课程，并把音乐教育作为幼儿园的办园特色。其中，比较普遍的音乐教育课程包括：钢琴、小提琴等西洋乐器，二胡、琵琶等民族乐器，以及一些儿童声乐（即童声独唱、合唱之类）的课程。

在这里，要和父母强调的是，一定不要走入对孩子进行音乐教育的误区。可能在父母的童年时代，学音乐还是件颇有几分神秘和奢侈的事情，只有那些确有音乐天赋，还要具备手指长、乐感强等所谓自然条件的孩子才会被送去学习。而一旦开始学习，做父母的常常需要倾其所有才能为孩子提供必要的条件。所以，学了就要出成绩，就要考级、比赛、获奖，这成了很多父母心底的愿望和对孩子的要求。

现在，生活水平提高了，音乐学习的神秘面纱也不复存在了，父母应该把它看作发展孩子的兴趣、爱好，提高孩子的艺术修养的一种手段。所以，对于幼儿园阶段的宝宝来说，学习音乐，更重要的在于让孩子体会音乐的美妙、引发对音乐的兴趣，引领他们走进神圣的艺术殿堂。

虽然这时候的宝宝还没有自己做决定的能力，但是否上音乐幼儿园、是否要学习钢琴等乐器，父母还是要征求宝宝的意见和尊重宝宝的意愿。而且，音乐的学习并不是件简单的事情，它要求孩子能手眼协调，能掌握动作要领、旋律、节奏，能领会乐曲的风格，能演绎乐曲的内涵，还需要每天坚持不断的练习……

对宝宝来说，完成这样“复杂”的工作的确不是一件容易的事情。所以，即使开始学习，父母也要端正心态，不要因为宝宝一时学习跟不上、成绩不好，或是贪玩不肯练习等，就训斥宝宝；更不要将考级、考几级作为硬性指标，强迫宝宝练习、考试。这样做，不仅有违让宝宝学习音乐、享受快乐的初衷，而且会让宝宝感到厌烦，产生逆反心理，甚至失去对音乐的兴趣和喜爱。

当然，在选择音乐幼儿园时，父母还要注意了解幼儿园是否具备必要的条件：合格的音乐幼儿园要有可供孩子单独或 3 ～ 4 人小组上课、练习的琴房；专职教师要具备专业资格和幼儿音乐教育的经验；在孩子学习期间，教师始终是同一位，既完成教学，又负责陪练、指导；除了专业学习，幼儿园还要有其他辅助教学，如通过音乐游戏等让孩子学会识谱、节奏，进行试唱练耳等。无论是专业学习，还是辅助教学，都要注意培养孩子的兴趣，提高孩子的能力。

如果可能，父母最好事先带宝宝参观幼儿园，观摩在园幼儿的上课、练习情况。这样做，一来可以了解宝宝是否有兴趣、是否愿意学，二来也是对幼儿园和教师教学情况的一种考察。

4. 双语幼儿园

双语教育是这些年来十分流行的一种早期语言教育形式。具体说来，就是让孩子在语言发育的时期，一边不断丰富和熟练地使用母语，一边开始接触外语（一般指英语），从而可以运用汉语和外语两种语言来表达自己的思想。

3 岁以前，是孩子语言能力提升的关键期。在这个时期，孩子学习外语与成人不同，不需要用母语思维再转换成外语的过程，而且语感好、接受快。如果有人教他双语，他就能拿双语表达意思。所以，如果在这个时期为孩子提供一个良好的外语学习环境，对孩子的智力开发及语言表达能力的发展都有极大的好处。

其实，在宝宝学习外语的过程中，有个很有趣的现象。那就是，当孩子学会字母、几个单词、几首儿歌时，显得很兴奋、很激动的往往是父母。而对于宝宝来说，这在他的思想里并没有什么神奇之处，他只是自然而然地记住了几个发音、几个单词、几首儿歌，和从只会咿咿呀呀发声到学会叫父母、学会说话没有什么区别。

所以，在对待宝宝学习外语的问题上，父母也要把它当作一件顺理成章的事情，只要为宝宝创造一个良好的语言环境，宝宝能很自然地将两种或两种以上的语言结合在一起。

在选择双语幼儿园时，父母需要重点考察的是幼儿园的师资力量。由于是学习语言的关键时期，如果教给孩子的是不确切的语法或不标准的语音、语调，孩子也会全盘接受，并可能影响日后的学习。

还有一些幼儿园常常以有外籍教师为噱头来吸引孩子入园，结果却常会出现一些问题：一是有些外籍教师的外语并不纯正，也并不一定具备教学的能力和经验；二是教师来源不稳定、经常换人。这些对孩子的学习都是非常不利的。

所以，父母最好能考察幼儿园双语课开办了多久、教学计划和师资情况怎样，多向已经在园的孩子的父母了解情况，并多听几次公开课。在孩子开始学习后，也要注意一定本着循序渐进、兴趣为主的原则。否则，孩子一旦对灌输似的外语产生了厌烦、抵触的情绪，在今后的生活学习中，接受起来也就更困难了。

除了这些特色园外，还有武术幼儿园、美术幼儿园、生态幼儿园、民族艺术幼儿园、珠心算幼儿园等，或是在普通幼儿园中开办这些特色班的。需要特别说明的是，其实，宝宝不是一定要上特色园、一定要学习特长，才能智力超群、聪明出众。即使是很普通的幼儿园，只要孩子得到了良好的学习环境、耐心科学的教育、自由快乐的成长空间，对于孩子的智力开发、能力培养、素质提高也都是一样的。

衡量 21 世纪快乐孩子的标准应该包括：健康的身体、灵敏的动作、正确的姿态、机智勇敢的心态、优良的生活习惯、积极的个性、快乐的情绪、良好的社交态度、浓厚的学习兴趣和自动追求学问的精神、优秀的头脑和艺术感悟性等这些综合因素。这才是父母最应该考虑的。

十三 混龄班的优与劣

现在，有些幼儿园，并不像一般建制那样按照宝宝的年龄分为大、中、小班，而是全部或者每年有一个班级，是按照一定的比例，将不同年龄段的孩子混组在一个班里的，这就是混龄班。

混龄教育的基本理念之一，是幼儿园的班级类似于一个家庭，有不同年龄的孩子，他们像兄弟姐妹般生活在一起，一起游戏、一起学习。在环境创设上，幼儿园会将一个大的活动室分割成若干个小的活动区域，在教玩具的设置上考虑不同年龄儿童的需求，桌椅的大小高低也有着一定程度的差异，以便于适合不同年龄段宝宝使用。这在中国绝大多数都是独生子女的环境中，就显得更加特别。

1. 混龄班的优点

① 小宝宝获得向大宝宝学习的机会

小孩子都喜欢模仿年龄、能力与地位比自己高的同伴。在混龄班里，年龄小的宝宝与大宝宝一起游戏和生活，就有机会向大宝宝学习，得到哥哥姐姐们的帮助，减少竞争压力，增加了合作的机会。

② 大宝宝通过助人获得快乐体验

同样，年龄大一些的宝宝也可以通过帮助弟弟妹妹们、与他们一起活动而获得快乐的体验。研究发现，同伴教学对扮演教育者的儿童有正向的影响，他们会因为帮助了别人，又得到成人的赞扬，而更加善于互相帮助或者帮助他人。

③ 有利于宝宝社会交往能力的提高

因为混龄编班，一个班里有大大小小的孩子，扩大了宝宝在幼儿园与不同年龄段的同伴的接触范围，学习了与不同年龄儿童交往的方式、方法，班级即社会的雏形，有利于宝宝社会交往能力的提高。

④ 在很大程度上避免了独生子女身上容易出现的缺点

类似于家庭的编班方式，可以为宝宝提供更多的角色经验，促进了角色承担能力的发展，促进了儿童的社会化进程，使得儿童的身心同步发展，也在很大程度上避免了独生子女身上容易出现的缺点。

2. 混龄班的缺点

① 教育方案的设计与实施复杂

在混龄班里，教师要掌握每个幼儿发展的不同水平，并能将幼儿准确恰当地分成几组，然后还要根据幼儿的特点因人施教，有时要按年龄或能力分组进行教学，有时则要针对同一内容提出不同要求，因此教育方案的设计与实施较为复杂，使得一般水平的教师难以胜任。

② 组织活动所需时间长

有的教育活动在同龄班中只需要一个单位时间，但在混龄班中却要考虑不同年龄段孩子的能力而需要几个单位时间才能完成，无形中延长了活动所需要的时间。如果组织得不好，还会使部分幼儿无所事事，造成时间上的浪费。

③ 可能会影响不同年龄宝宝的发展

在混龄班里，一般是年龄较大的孩子占据能力上的优势，有时会造成大孩子争强好胜的表现，从而影响小龄宝宝的发展，使他们自信心的树立受到一定的影响。与此相反的是，在混龄班里，老师需要常常对小龄宝宝给予特别的关注和重视，而在活动中对大孩子的要求降低，在一定程度上影响了大孩子的发展。

因此，是否选择把宝宝送到混龄班，需要综合各方面的因素考虑，既要看宝宝的能力、性格，也要考察幼儿园的教育水平、师资水平，更需要了解以往各届混龄班的情况，之后再做决定。

十四 解决入园难有法子

家长常会遇到这样的问题：宝宝到了该上幼儿园的年龄，可是找了好多家，却还没找好幼儿园。很多幼儿园都说名额满了。

随着国家政策的放宽，这几年的生育率有所提高，学前教育资源匮乏的问题愈发凸显，导致入园难问题愈演愈烈，不少家长为了让宝宝顺利踏入幼儿园伤透脑筋，想尽办法。面对入园难问题，除了依靠政府投入改善学前教育资源状况，家长也要努力摆正心态，提前做好准备。下面的一些建议相信对大家会有帮助。

1. 上亲子班，直升幼儿园

如今，许多公立园都开设了亲子班。到了招生之际，上亲子班的宝宝往往会成为幼儿园优先录取的对象，亲子班就成为宝宝进入幼儿园的有效链接，而熟悉的环境和老师还能帮助宝宝顺利适应园里的生活。如果经济条件许可，幼儿园的地理位置、教学理念和水平等条件又符合需要，家长不妨通过报亲子班来保证宝宝入园。

2. 早做准备，提前报名、预约

按照幼儿园入园报名正常的时间表，幼儿园大多在每年 3 月发布报名信息，并开始集中报名。但是，常有家长遇到这样的情况：到了报名时间，反而发现幼儿园静悄悄的，一问才知道早就满额了。所以，家长要提早规划宝宝的入园计划，了解相关幼儿园的情况，多关注各幼儿园发布的招生信息。

有经验的家长都知道，提前预约是多么重要，因为很多幼儿园报名时间“被提前”了一年，部分热点幼儿园的报名时间甚至“被提前”了两年或更多。如果你的宝宝明年要入园了，那么家长今年就可以提前到各个幼儿园咨询或者预约报名。

3. 摆正心态，不盲目追求名园、特色园

在不少家长看来，在宝宝教育环境上，“没有最好，只有更好”，能够挤进一所“名”幼儿园，就是“赢在了起跑线上”，花多少钱、多少工夫都是值得的。“名园”也并非具有一切优势，除了资源稀缺、价格昂贵外，也许离家还不近。就算宝宝上了“名园”，如果每天路途遥远、疲于奔命，入园的快乐指数也会大大降低。

还有些家长出于补偿心理，不考虑宝宝的兴趣、能力，非要选择特色园，这样对孩子的成长未必是好事。所以，家长们必须摆正心态，不要把“名园”作为自己唯一的选择，而要选择一所无论是距离位置，还是师资水平都适合自家宝宝的幼儿园就足够了。

4. 私立园也是不错的选择

在选择幼儿园时，很多家长都认为公立园管理正规、教学规范、硬件设施和师资配备都高过私立园，非公立园不上。其实，随着早教产业的发展和教育主管部门多年的努力，许多正规的私立园发展得也非常好。一些私立园虽然成立时间不长，却拥有自己独特的办园理念，并引进了多种先进的教育模式，创新性和开放性更强。因此，私立园也不失为一种选择。

当然，在确定私立园资质时，家长应该更加用功一些，并在必要时向当地教育主管部门核实和了解情况，以保证所选择的私立园正规、合格。

十五 弄清幼儿园老师的分工

幼儿园有那么多老师，有的上课，有的帮宝宝们洗洗涮涮，有的在各个班转来转去，也不知道是怎么分工的？再看看幼儿园的说明中，有教师、保育员，还有保健医生，是不是都要有资格认证呢？

无论是什么体制和规模的幼儿园，一般都会设置以下岗位。

1. 园长

园长一般同时也是幼儿园的法人代表，负责幼儿园人、财、物的全面管理；副园长一般有 2 ~ 3 名，分别主管教育教学、师资人员管理、后勤保障等不同的工作。

2. 教师

严格说来，幼儿教师应该负责一个班的教育教学和班务管理工作。现在，很多幼儿园把这个岗位叫作“班长”，实行“班长负责制”。

幼儿教师应该是接受过学前教育专业教育，拥有幼儿师范学校或师范院校学前教育专业大专以上学历，并获得幼儿教师资格证书的人。

3. 保育员

除了幼儿教师，每个班都还要配备保育员，负责班级环境设备的清洁、消毒，负责孩子的生活管理，配合幼儿教师组织班级的活动等。

保育员一定要是受过幼儿保育职业培训的人，如要幼教中专、职高毕业或儿童保健专业毕业。

4. 保健医生

幼儿园还会配备 1 ~ 2 名保健医生。保健医生负责按照卫生部门颁发的各种儿童保健、卫生的规定完成孩子的体检、健康管理、疾病防控、计划免疫，以及全园卫生、消毒、饮食安全等保障工作。

保健医生应该是接受过医学专业学习或儿童保健专业学习，至少具备中等卫生学校及更高水平的临床医学专业学历。

5. 其他岗位

幼儿园还会根据规模配备有清洁员、炊事员等后勤保障岗位。一些规模大、档次高的幼儿园还会配备有专门的营养师，负责制定食谱、安排饮食，保证孩子们营养的均衡和全面、饭菜的质量和搭配。

不过，无论哪个岗位，除了提到的专业和学历的要求、规定外，所有幼儿园的工作人员还需要根据《幼儿园工作规程》，达到以下的基本要求：

第一，热爱幼教事业，爱护幼儿，努力学习专业知识和技能，提高文化和专业水平，品德良好，为人师表，忠于职责；

第二，身体健康，没有任何传染性疾病或健康带菌者，并经过严格的体检。

十六　向幼儿园了解情况

说起来，选择幼儿园可真不比当年求职找工作容易！那么，怎样才能了解幼儿园的情况呢？第一步，就要直接找幼儿园了解情况。

的确，我们的宝宝就像一张白纸，你给他什么颜色，他就会变成什么颜色。出生至 6 岁这段时间是人的一生中发展最快、变化最大的时期，就像给房屋打地基，地基越坚固，建筑在上面的高楼大厦才能越坚固。幼儿园，则是宝宝开始接受社会教育的场所。为宝宝选择一所适合他的，而且他也喜欢的幼儿园，对宝宝的童年乃至一生都很重要。

现在是信息社会，想要了解幼儿园的情况，渠道有很多：报纸、杂志的宣传报道、各幼儿园的广告、网上论坛中“过来人”的各种点评、身边亲戚朋友的介绍等，都为家长们选择幼儿园提供了便利的条件。如果有了目标幼儿园，首先还是应该直接从幼儿园得到信息。

家长们可以通过电话咨询、到幼儿园访问老师等方式，掌握第一手资料。需要询问和了解的内容包括：

幼儿园的体制，被评定为几级几类园；

幼儿园教职工人数，师资的文化水平、专业情况、工作经验；

幼儿园的课程安排都包括哪些，特色教育课程的内容是什么；

幼儿一天的起居安排、饮食安排，有没有专门的营养师为孩子们进行营养配餐；

幼儿园是否有专车接送，路线、时间如何，是只有全日制入园，还是也有寄宿制；

幼儿园是否有专职医生来安排孩子们的卫生保健工作，是否有消毒等严格的卫生保障；

幼儿园是否有赞助费，每月的收费标准如何，特色课程、课外班是否还要另外收费，等等。

十七 去幼儿园实地考察必不可少

咨询了几家幼儿园，听了老师的相关介绍后，家长们常会陷入纠结中：到底选哪家好呢？这几家看起来都不错，他们会不会有自夸的成分呢？俗话说，耳听为虚，眼见为实。要为宝宝选好幼儿园，家长们还需要去“眼见为实”。

家长在初步确定了几个选择对象之后，最好的方式还是亲自实地考察一番。现在，很多幼儿园都会在条件和时间允许的情况下接待家长参观，或组织开放日活动，尤其是在招生季。所以，向幼儿园咨询时，一定不要忘记询问一下相关情况。

考察一个幼儿园时，家长应该根据当地幼儿园的分级、分类标准，注意这样几个方面。

1. 幼儿园的资质

如果有可能的话，家长最好验证该园是否有核准证书、分级分类评定证书等资质文件，要注意证书上的园址与实际地址是否一致，是否有更改、不符、借用，或是违规使用的情形。

2. 幼儿园的周边环境

幼儿园的园址应设在环境幽静、空气清洁的地方，周围最好不要有过于高大的建筑，也不要有噪声源或空气污染源，以免影响幼儿园教室、活动室和幼儿寝室的采光、通风和环保。

3. 幼儿园的室外环境

幼儿园内应该有花草、树木，既调节空气、美化环境，也为幼儿提供接近大自然的条件；幼儿园应该有符合在园幼儿人数要求的、足够大的操场，场地还应该符合幼儿跑、跳、游戏的要求；园内各种室外大型玩具应该配备齐全、适用，摆放合适，并且设施、周边地方等设有安全保障。

4. 幼儿园室内设施

楼梯与设备要专为幼儿设计，楼梯、窗户、桌角、柱子及游戏设施都应该有必要的安全防护装备；活动室、寝室要具备光线充足、空气流通、色调柔和三大条件；幼儿的桌、椅、床等符合幼儿身高标准，桌椅的角最好是圆的，质料要坚固耐用，适合幼儿使用；室内摆设布置以生动、可爱、多变化为原则，具有儿童情趣；玩教具要种类齐全、数量充分，图书、教具的陈列最好采取开放式，方便幼儿拿取。

还有专家建议，家长在参观幼儿园时，一定要记着去厕所、厨房走一走，看看是否符合清洁卫生的原则，和活动室的距离是否恰当，孩子饮水用的杯子、毛巾等是否清洁，放置是否合理方便……这些看似不起眼的细节,往往比表面上的“大是大非”更能代表幼儿园的人文管理水平。

总之，一个好的幼儿园应该是专为孩子设计的，处处可以感受到对孩子的关爱、关注，体现符合孩子心理、生理特点的要求。所以，家长对幼儿园做基本的筛选后，最好也能带上宝宝一同去参观。如果宝宝参与了选择幼儿园的决定，您将会看到您的孩子很高兴、很喜爱上幼儿园，而且进步很快。

十八　参与开放日活动，了解幼儿园的教学和师资

幼儿园的环境如何，可以通过看一看了解个大概，教学的情况和老师怎么样，光靠看肯定难以了解全部情况。毕竟，幼儿园怎么教孩子学习，老师以什么样的方式对待孩子，才是最重要的。所以，家长们一定不要错过开放日的机会。

幼儿园阶段，正是孩子们非常渴望学习、对任何事物都充满好奇心的时候。所以，幼儿园教学最主要的目的不只是让孩子学会数字、儿歌等所谓的知识，而是要增强他们的学习热情、扩展他们获得知识的能力、促进他们探索世界的兴趣，以及培养他们与人交往、沟通、合作的能力。

虽然幼儿园是从学前到小学的重要过渡阶段，但让幼儿园的孩子以学习知识来取代游戏，强迫孩子们掌握技能，甚至用考试来评估孩子们的成绩，会违背孩子的生理、心理发展规律，挫伤他们的学习兴趣。甚至，有的孩子因为提前学会了这些知识，在上小学后以“我都会了”为由不认真听讲，进而影响到正常的学习。

通过对幼儿园管理学的研究，美国幼儿教育专家提出了一所优秀幼儿园应该具备的 10 个标志：

孩子们正在玩玩具或与别的孩子玩。幼儿园不会让孩子们无目的地四处活动或强迫他们长时间安静坐下来。

一天下来，孩子们要进行各种各样的活动，比如搭积木、扮演游戏、看图画书、画画等，另外还有玩桌上的玩具。孩子们不总是在同一时间做同样的事。

一天中，老师要分别与个别孩子、小组和所有孩子一起工作。

用孩子们自己的艺术作品来装饰教室。

在日常生活经验中，孩子们学习数字和字母。探索动植物和自然世界、烹饪、服务、准备快餐等都是对孩子们有意义的活动。

填写工作表不应是他们的基本活动。

只要天气许可，孩子们每天就有机会到室外活动，户外游戏绝不能被太多的教学代替。

全天任何时候，老师都可以读书给孩子们听，不只限于小组讲故事的时间。

课程表要能适用于那些比别的孩子强的孩子和需要额外帮助的孩子。因孩子们的经验和背景不同，他们不会在同一时间以相同的方法学同样的东西。

孩子们和他们的父母期待上幼儿园，送孩子上幼儿园父母感到安心。

虽然说各国的教育体制、方式、条件等都有差距，不能完全按照这个标准来衡量我国的幼儿园，但通过幼儿园的开放日活动，家长可以参照这个标准来观察幼儿园的教学安排，老师进行教学活动和与孩子沟通的方式，孩子们上课、游戏、吃饭时的精神面貌和情绪等，由此来判断幼儿园教学和师资的情况应该就能比较客观了。

十九 听听“过来人”的说法

向幼儿园了解了情况，实地考察过了，去参观了开放日活动，那么是不是就万事大吉了呢？当然不是。当通过前面的准备工作有了目标园之后，家长最好还要找在园孩子的家长打听一下，听听“过来人”的说法。

在所有的咨询、参观工作都做足以后，家长也许心里还有那么一点疑惑：我的孩子在这里真的能得到无微不至的照顾，受到良好的能力培养吗？对于这个问题，已经在该幼儿园就读的孩子，以及他们家长的感受，应该是最好的答案。

孩子入园之初老师是否耐心？对于能力不足的孩子，老师如何帮助和对待他们？孩子大多用了多长时间才适应幼儿园生活？孩子对于幼儿园一日生活的安排是否喜欢？每天回家后的情绪，以及向家长描述的幼儿园生活怎么样等，是拟入园的宝宝家长需要向在园宝宝的家长们了解的。

而且，在征得在园宝宝的家长同意后，拟入园宝宝的家长也可以尽量多地和在园的小朋友聊聊天，问问他们老师好不好，在幼儿园好不好玩，每天吃的饭菜香不香，吃完饭后洗不洗手，老师会不会提醒他们多喝水，衣服穿不好或是不小心尿湿裤子、弄脏外衣，老

师会怎么办……

因为已经经历了寻找幼儿园、考察幼儿园，入园、适应和每天生活在这里，在园宝宝和他们家长的评价应该是比较中肯和真实的。

当然，每个孩子的情况不同，每个家长的要求和希望也会有差距。在听取别人意见时，拟入园宝宝的家长也要多问几个人、多提些问题、多听一听人家的解释，然后综合、客观地做出判断。

总之，了解一个幼儿园有多种途径，家长不可偏听偏信，应该尽量从各个方面多搜集信息，使自己对幼儿园有一个全面、可信的了解。

二十　走出选择幼儿园的误区

尽管讲了这么多选择幼儿园的原则和方法，但谁的身边都不会缺少这样的家长：选幼儿园，第一要选最好的，最好的标志往往也是最贵的；第二要选各种兴趣班最多、所谓能让孩子多学东西的。

做家长的都希望为自己的孩子找到最好的幼儿园，让他们得到最好的学前教育、学到更多的东西。祖辈疼爱隔辈人，尤其是现在，常常是四个老人只有一个孙辈，更是愿意不惜金钱给宝宝一个他们认为“最好”的条件，好让宝宝能够成才。但是，这种望子成龙的心情过于迫切，往往容易导致家长走入选择幼儿园的误区。

误区1：收费高的就是好的

有的家长认为，只要幼儿园好，离家远一点儿也无所谓，至多每天接送时自己多受点累，为了孩子的前途，再累都认了。

前面已经提到过，幼儿园离家远近是选择幼儿园的一个非常重要的因素。幼儿园与家的距离太远，每天接送孩子时就会有许多的不便，即使是有条件车接车送。这不仅仅耽误家长的时间，更重要的是，孩子也会受到影响。

例如，孩子每天必须早早起床，在路上奔波，路上稍有耽搁，到幼儿园时也许就会吃不上早饭。碰上刮风、下雨、下雪等恶劣天气，路上更是难走，对孩子的健康和情绪都有影响。

要知道，孩子需要在幼儿园里度过 3 年的时间。如果这 3 年里孩子每天都为不愿意早起上幼儿园而与家长讨价还价，那么去幼儿园就会成为使他很不快乐的事情，其他的条件再好也没有意义了。

误区2：上幼儿园要为以后学校里的学习打好基础

有的家长希望孩子在幼儿园就能认许多字、会算术，认为这样能让孩子早点起步，为以后学校里的学习打下好的基础。

教育学家一致认为，早期教育中的社会交往和情感经验是儿童智能发展的关键。对幼儿园里的孩子来说，认知、情感、社会性和体能四个方面的培养是最重要的，也是启迪智能、发展能力最佳的途径。机械地、强硬地将大量知识塞进他们的小脑袋，不仅不符合他们的年龄特点和生理、心理能力，还会大大伤害他们探究世界、获得知识的兴趣。

所以，家长们应该认识到，一个好的幼儿园，注重的是培养孩子的社交能力，形成集体意识，让他们了解如何与人相处，不以自我为中心，这比所谓知识的学习更加重要，也将对孩子今后走向社会产生十分有益的影响。

误区3：寄宿制幼儿园更能锻炼孩子独立生活的能力

不少专家强调，过早地让孩子过寄宿制生活弊大于利。我们不能完全否认寄宿制生活对孩子自理能力的培养、锻炼，但寄宿制也有其负面影响。3～6岁正是孩子和家长建立亲子关系的阶段，他们需要享受亲情。在这个阶段，送孩子去寄宿，可能会对孩子将来性格的形成和情感的发展产生不利的影响。长时间在集体环境中生活的孩子，由于无法经常对家长倾诉，感情往往比较压抑，对性格比较内向的孩子来说，更容易造成心理阴影。

二十一 整托好，还是日托好

“寄宿制对孩子来说弊大于利”这句话，是不是正说到了一些父母的痛处？现在的年轻父母，工作压力大，有时还会有继续深造、进修的需要，如果没有条件请保姆或老人帮忙，保证每天按时接送孩子就是个难题；可要想把宝宝整托吧，又有些不放心……

整托好还是日托好，一直是教育界、老师、父母讨论不休的问题。大家各有各的观点，整托、日托也各有利弊，而每个家庭各有各的环境、条件和实际情况，每个宝宝也都有各自不同的性格、习惯、能力，所以不能一概而论。

根据教育专家的长期观察、研究，现在多数幼儿教育专家的观念认为，只要家庭条件允许，还是应该尽量把宝宝送到日托的幼儿园，因为年幼的宝宝需要父母更多、更细致的关心、照顾、指导和帮助。

每天把宝宝接回家使父母可以与宝宝有更多的交流，和宝宝说说话、一起画画，给宝宝听听音乐、读读故事书，让宝宝学习和熟悉脱穿鞋袜、衣服等，更主要的是可以随时观察、掌握宝宝的身体、情绪等方面的情况，及时了解宝宝的身心发展状况。这对宝宝的成长是很有好处的。

但如果父母的工作都很忙，又没有其他人可以帮助，不能保证每天按时接送宝宝，更主要的是按时接宝宝回家；或是回到家里还要因为工作、学习等而没有足够的时间和精力很好地与宝宝交流、照顾宝宝，也可以考虑把宝宝送入整托。

1. 整托的好处

① 能够在一定程度上弥补家庭教育的不足

幼儿期是智力开发的最佳时期，但因为现在激烈的竞争和实现自我价值带来的社会压力，很多年轻父母整日忙于工作，还要继续进修、学习，每天回到家里已经筋疲力尽，自然缺少精力和时间去关心、教育宝宝，宝宝常常是在电视的陪伴下度过晚上，缺少社会交往。整托则解决了这个问题，宝宝和同龄人交往，和老师交往，并因此使智力得到发展，交往能力、自理能力得到了一定程度上的锻炼。

② 有利于宝宝自理能力的发展

宝宝在整托班，老师首先要教会他们自己的事情自己做，让他们有独立生活的能力，如自己穿衣、吃饭、入睡等。但在家里，父母要么娇惯，要么嫌宝宝自己做不好，在许多事情上都容易包办代替，使宝宝失去锻炼的机会。

③ 有利于宝宝社会性的发展

整托给宝宝提供了相互交往的场所。宝宝与同龄人在一起生活、学习，遇到困难自己解决，自然就逐步融入集体生活的环境中。

2. 整托的弊端

① 可能会使亲情淡漠

幼儿期是培育亲情的重要时期，整托的宝宝也许在幼儿园得到了比较好的教育，但在父母教育这方面却是一块空白。同时，父母也需要在这一时期摸索教育宝宝的方法，但宝宝上了整托，就无法形成家庭教育的氛围。这些宝宝的对外交际能力或许较强，但对家庭关系的协调却存在着不足。

② 宝宝长时间生活在一个相对封闭的成长环境

宝宝终日生活在幼儿园里，接触的人只有老师和同班小朋友，很少有与外人和外界环境接触的机会，这在一定程度上限制了宝宝的眼界，不利于他们的全面发展。

二十二　送宝宝寄宿需要考虑的因素

如果确实因为条件所限，不得不把宝宝送入整托时，爸爸妈妈又需要考虑哪些因素呢？

进入幼儿园是宝宝一生中独立走向社会的第一个里程碑，是爸爸妈妈需要经过非常认真、全面、长远的考虑，综合各方面因素，做出的一个选择。所以，在考虑把宝宝送到幼儿园选择日托或是整托时，要认真地弄清楚几个问题。

1. 宝宝自身的条件

每个宝宝的性格、体质、能力各不相同，有的性格外向、活泼，见人自来熟，对环境的适应性强，很容易融入集体生活，送整托后一般很快就可以适应新的环境和生活，环境的变化不会对宝宝造成很大的影响；有的内向、胆小，环境的任何变化都会对他有很大的影响，送整托会使宝宝的性格更加压抑、心情更加紧张。如果这样，就最好不要整托。即使出于一些原因一定要整托，也要有个过渡和比较长的适应期。

衡量宝宝是否能够送整托，爸爸妈妈先要回答下面的几个问题。如果肯定的答案在 2/3 以上，宝宝送整托问题就不大，否则就要慎重了：

宝宝的性格是否开朗、活泼；

宝宝到了一个陌生的环境里是否很快就可以适应、习惯；

宝宝见到陌生人是否不会很害怕；

宝宝平日是否经常与他人（如邻居、爸爸妈妈的同事朋友等）接触；

宝宝是否经常能与其他小朋友交往；

宝宝是否愿意与其他小朋友一起玩，并能很快参与其中；

宝宝在遇到问题时，是否能主动向别人寻求帮助并能基本表达清楚；

宝宝平日里是否在爸爸妈妈的鼓励下有一定的独立性；

宝宝是否有比较长时间和小朋友一块儿玩或交给别人照管，而爸爸妈妈不在身边的经验；

宝宝是否具备了一定的生活自理能力（如吃饭、上厕所、穿衣服等）；

宝宝的动手能力发展是否达到同龄幼儿的一般标准；

宝宝是否身体健康，不爱生病。

2. 爸爸妈妈或家庭的条件

想把宝宝送整托，最主要的原因不外乎以下几个：

一是爸爸妈妈工作很忙，家里又没有别人可以帮忙，不能保证每天按时接送宝宝。即使是能接回家，也很少有时间陪伴、照顾宝宝。

二是爸爸妈妈缺乏教育宝宝的知识和方法，或家中有老人溺爱宝宝，使宝宝的自理能力、独立性很差，希望在幼儿园老师正确的教育方法和与小朋友间的相互影响、带动下，让宝宝自理、独立能力差的现状能够得到改变。

但爸爸妈妈一定不能抱着宝宝吃住在幼儿园，有老师教就可以多学知识、学本领，就能够更聪明、更出色的想法，而把宝宝送去整托；更不能因为照顾宝宝需要花费很多时间和精力，想图一时省事、省力，而把宝宝送整托。

对年幼的宝宝来说，任何活动，包括在家庭日常生活中一点一滴的小事，都是宝宝学知识、学本领的途径，不是非要老师、幼儿园来教。与此同时，相对于所谓知识的灌输，家庭的温暖、父母的亲情、童年的快乐，对宝宝来说更加重要。这是宝宝成长过程中身心健康发展不可或缺的因素，是人一生中唯一的、长大以后无法弥补的经历。

3. 幼儿园的条件

如果把宝宝送整托，幼儿园就是宝宝第二个家了。所以，对于幼儿园无论硬件设施还是软件条件上的要求，都应该比日托的幼儿园更高。这些要求主要包括以下几个方面：

第一，出于方便管理的要求，整托幼儿园的班级或日托幼儿园的整托班名额编制要小，即每个班的幼儿人数要比日托班少一些。

第二，整托幼儿园的园舍、设备要求要高于日托幼儿园。除了日托幼儿园应具备的房舍条件外，整托幼儿园还要设有专门的寝室、隔离室、浴室、洗衣室和教职工值班室，并必须配备儿童单人床。

第三，卫生设施、洗浴条件等要优于日托园，如卫生间、洗漱室、浴室的空间充分，能够保证热水供给，幼儿存放衣物、鞋袜和用具等不同类物品，有各自专属的空间以保证整洁、卫生等。

第四，整托幼儿园人员配备要多于日托幼儿园，日班、夜班老师的配备要合理，保证夜班时有带班领导、值守人员。

第五，整托幼儿园的老师要更加有爱心、耐心，能与幼儿很好地交流、沟通，能站在幼儿的角度观察和考虑问题，体会和理解幼儿的心理、需要，甚至要能与幼儿“打成一片”，这样才会让宝宝感到温暖、安全。

二十三 大一点儿再送整托困难小吗

每天按时接送宝宝，对于爸爸妈妈来说也是个难题；但送整托，又觉得宝宝的确太小了，真的舍不得，进退两难。那是不是等宝宝年龄稍微大点儿再送整托会好得多？

一般情况下，宝宝年龄大些再送整托困难会小一些。这是因为：

第一，随着年龄的增长，宝宝的情感需求会发生变化。年龄越小的宝宝对于爸爸妈妈的情感依恋越重，特别是对于妈妈，很多宝宝在晚间必须要妈妈守在身旁才能入睡就是最明显的例证。而随着年龄的增长，宝宝接触人的范围逐渐扩大，情感也渐渐由爸爸妈妈身上转移和分散到其他人的身上，这时把宝宝送整托就可以减少很多情感上的障碍。

第二，随着年龄的增长，宝宝的生活内容会发生很多变化，宝宝的生活范围逐渐扩大，生活经验和知识逐渐丰富，3 岁左右的宝宝开始会和同伴一同游戏了，这就使宝宝的注意力从只想看妈妈转移和分散到玩具、游戏、同伴身上。

第三，随着年龄增长，宝宝的认知能力增强、控制力得到发展，也就能够减少因改变生活习惯而给宝宝带来的生活、心理上的障碍。例如，大一点的宝宝就能够懂得爸爸妈妈要上班、出差、学习的时候不能陪伴他，要去幼儿园和老师、小朋友在一起，爸爸妈妈下班、休息的时候就会来接他回家等道理，这些都能帮助宝宝提高适应能力，减少整托带来的困难。所以，即使是要把宝宝送整托，也最好是宝宝年龄稍微大些。

二十四　从日托到整托的过渡

既然整托无论如何都会比日托更难适应，当不得不把宝宝送去整托时，家长可以考虑有一个从日托到整托的过渡，用逐步适应的方式来消除整托的不利因素。

从整体来说，送宝宝上整托的不利因素比送日托要多，适应起来的难度要大，所以必须要经历一个过程，并用适当的方式来消除整托的不利因素。

1. 可以从日托向整托过渡

如果一下子就把宝宝送整托，环境彻底改变了，最亲近的人不见了，又要连续很多天见不到妈妈，对宝宝来说，是非常大的压力和无法接受的事实。它会使宝宝的分离焦虑放大很多，还会因为心情紧张和情感上的障碍而使机体的抵抗力降低，让宝宝很容易生病。

所以，宝宝上幼儿园之初，可以先上日托，观察他在幼儿园的情况。如果日托的适应很顺利，宝宝对幼儿园和老师都很熟悉、亲切，也建立了信任感，可以采取循序渐进的方法，逐渐延长在园住宿的时间，再转入整托。如果宝宝很难适应幼儿园的环境，存在着较强的反抗情绪，就要延长日托的时间，等他对幼儿园生活完全适应后再送整托，甚至重新考虑是否要上整托。

2. 可以在每周中间的固定时间接宝宝

家长可以在每周的中间接一次宝宝，这个时间一般选择在周三比较合适，这样宝宝离开家的时间不是很长，从情感上容易接受、适应。同时，要尽量把这个时间固定下来，每周都是这天接宝宝，没有特殊情况就要雷打不动地执行，让宝宝对哪天在幼儿园、哪天可以回家心里有数，对宝宝安心在幼儿园生活、适应幼儿园生活都大有好处。现在很多幼儿园也是采用这样的方法的。

3. 在日托过渡期，家长要多做准备

在日托阶段，家长要细心地考察幼儿园的环境设施是否让宝宝感到亲切、温暖、有家庭的氛围，是否能够保障有规律和安全的生活，是否提供合理的营养配餐，是否重视家园教育一体化，并能经常与家长进行有效的沟通；观察老师是否充满爱心，能和孩子一起笑、一起玩，善于了解幼儿的心理，在宝宝不能用语言表达清楚的时候，也能知道他们需要些什么或情绪上有些什么变化，并能采取相应的措施；然后，根据各种情况随时向宝宝交代和嘱咐在幼儿园要注意的事情，如洗漱、洗澡要注意什么，哪些活动要小心安全，有事情如何向老师诉说等。

4. 过渡期结束，要提前向宝宝做好解释工作

一旦完成了日托的过渡期要改送整托了，家长一定要事先向宝宝讲清道理，告诉他要送整托的原因，如“爸爸妈妈很忙，没法每天接你，所以你要到幼儿园和老师、小朋友在一起几天”；还要告诉宝宝，爸爸妈妈哪天、什么时候会接宝宝回家，如“你今天上幼儿园，住两个晚上，周三晚饭后妈妈就会去接你回家住一晚上”等。

这个工作一定要至少提前一两周来做，比如在周一、周二、周四告诉他，“以后这天你是要住在幼儿园的”，周三就告诉他“以后到这天，妈妈是会来接你的”，到周五告诉他“这是周末，以后到这天，妈妈也会接你，和妈妈爸爸一起在家过周六、周日”等，让宝宝逐渐了解这样的规律和安排。

5. 及时接送、陪伴宝宝

家长一定要保证每周都能按时接送宝宝，并能与老师建立密切的联系，即使宝宝不在身边，也要掌握他在幼儿园的情况。就算家长工作再忙，

也要争取在周一到周五把工作做完，安排出周末的时间陪伴宝宝，去公园、讲故事、做游戏，和宝宝聊聊幼儿园的小朋友、老师和在幼儿园生活的细节，了解宝宝在幼儿园的感受和生活状况，珍惜与宝宝共度的时光，充分享受天伦之乐。

6. 帮助宝宝养成良好的习惯

有些家长觉得宝宝在幼儿园吃、玩、睡都受到很大限制，会受很大的委屈，很对不起宝宝。所以，只要宝宝回到家就拿出所有好吃的，宝宝要什么给什么，想几点睡就几点睡，采取一种完全放纵的态度，把宝宝在幼儿园养成的习惯、作息全都抛在脑后，这是非常不利于宝宝心理健康和良好习惯培养的教养方法。

家长可以为宝宝准备一些他喜欢的食品、水果、小点心，但不能无限制地给宝宝吃，也不要只是因为宝宝喜欢什么就给他吃什么，比如一连吃几顿麦当劳、肯德基这样的快餐，或是给宝宝很多的零食而耽误了吃正餐，一定要注意营养的均衡和搭配。

宝宝对于家长更主要是情感上的依赖和需要，不要只是一味地整天带宝宝在外边玩、让宝宝看电视、给宝宝买这买那，更不能纵容宝宝的一些无理要求。

二十五　报名的准备工作

做了这么多准备工作，想必家长已经为宝宝选定了合适的幼儿园。那么，就等着幼儿园发公告去正式报名了。

幼儿园一般都会有比较固定的报名时间，每年秋季入园的招生工作一般在6月左右进行，也有些幼儿园会提前到4～5月；春季入园的招生工作一般在每年12月到来年1月进行。在这个时间里，幼儿园会接受家长们的预先咨询、登记，然后在确定的几天里统一安排正式的报名。当然，那些可以随时接收宝宝入园的幼儿园，报名的工作也是随时进行的了。

一些幼儿园还会有招生范围的规定。比如，一些属于教育系统的幼儿园是按照所在地区划定范围招生的，一些街道或社区的幼儿园要优先招收户口在这里的宝宝，机关和企事业单位的幼儿园主要招收自己系统内的工作人员的宝宝等。

随着近几年各类幼儿园的增加和幼儿园经营的市场化，越来越多的幼儿园不再有这些限定，或是虽然还有一定的限定，但也能够额外招收一部分定向招生范围外的幼儿，家长在选择幼儿园时就可以灵活许多。

所以，在去幼儿园咨询、考察、了解情况时，家长要注意把这些问题搞清楚，做好报名的准备，以免选好了幼儿园却错过了报名的时间，或不巧选了一家只在系统内招生的，还要重新去选。

幼儿园到了统一报名的时间，都会利用在园门前张贴海报、在公众传媒发布广告，或是直接电话联系在预先咨询时已经进行登记的幼儿家长等形式进行通知。家长也可以在去幼儿园咨询时记下幼儿园的电话，并询问统一报名的时间，然后在适当的时间主动电话询问。

有些幼儿园会在家长去咨询时发一张报名表，表格一般包括这些内容:孩子的年龄、性别、出生时间、出生地、户口所在地、身体健康状况、家庭住址，家长的工作单位、学历、身份证号码、联系电话，孩子的爱好、特别情况等。报名表是幼儿园了解宝宝和家庭情况的最基本的资料，日后宝宝入园了幼儿园与家长联系时也要靠它，所以一定要认真填写，并在报名时带上。

到了报名之日，家长还需要准备好一些资料。一般包括户口本、出生证明、独生子女证明（随着国家放开二胎政策，独生子女证明会逐渐退出）、免疫证、幼儿健康手册，幼儿园要求家长填写的报名表和宝宝的标准照若干张等。

越是有名的幼儿园，想入园的宝宝就越多，但幼儿园能够招收的人数却有限，咨询了、看好了，也不一定就能报上名。所以，选择上这样的幼儿园，最好还要有一两家备选的。

多数幼儿园会在报名之后安排对宝宝的面试。面试时老师会问宝宝一些简单的问题，比如名字、几岁了、最喜欢什么玩具、爸爸妈妈叫什么等。家长可以事先告诉宝宝报名时可能有的程序，老师是因为喜欢宝宝、愿意让宝宝上幼儿园才要问这些问题，鼓励宝宝礼貌、大方、大胆、清楚地回答问题等。

幼儿园的面试只是为了了解宝宝的基本发育、发展状况，家长一定要以平常心对待面试，不要自己精神紧张，对宝宝又教又练，唯恐宝宝表现失常影响录取。家长的紧张有时会给宝宝压力，让宝宝没有了信心，轻轻松松的态度反倒会使孩子有问有答。就算家长想在家跟宝宝一起预演，尤其是比较内向、胆小的宝宝，也只要在生活中、游戏中，不经意间问问、聊聊就足够了。

二十六　报名和面试

准备了这么久，这回该是宝宝真的上场了。要去面试了，宝宝可能还不知道什么叫紧张，家长却好像比自己要去考试还紧张……

报名的那天，家长要把所有的资料带好，把宝宝打扮得干干净净、整整齐齐，以最好的精神面貌和心情到幼儿园去报名、面试。前一天要保证宝宝休息好、睡好，到幼儿园，尤其是要被安排去面试前，给宝宝喝点水、上好厕所，做好准备。

报名时，幼儿园工作人员会仔细审查与宝宝有关的材料，向家长询问一些相关的问题。经过材料的审核后，幼儿园还会有专门的老师对孩子进行面试。

面试问题的内容都非常简单：询问孩子的姓名、年龄、家庭住址、平时喜欢做些什么事，让孩子背背学过的儿歌，出示一些小图片让宝宝识别，说出图片上是什么，回答一些简单的是非问题，例如“乱扔果皮是不是好孩子呀”等。面试时间一般为 5 ~ 10 分钟，主要目的是为了了解宝宝在智力及认知能力方面的发展水平。

一般情况下，幼儿园安排面试时，会让家长陪同。家长可以提醒宝宝见到老师要有礼貌地问好、打招呼，但在老师面试提问时，最好不要把宝宝抱在怀里或拉着宝宝的手，应该让宝宝自己站或坐在老师面前，家长站在他身边或身后，使宝宝感到有人在陪他就好；当老师提问时，不要提醒宝宝或是代替宝宝回答；有些宝宝遇到不敢或不会回答的时候，往往会用眼神、动作或是向家长请求帮助，只要不影响面试，家长可以装作没有注意到、没听到，尽量让宝宝自己解决问题。这样，才能把宝宝最真实的情况反映出来，传递给老师。

二十七　入园考试考什么

其实，不怪宝宝面试家长会跟着紧张。因为，幼儿园入园的面试，还真的不只是在考察宝宝，同时也在考察家长。

优质幼儿园都是稀缺资源，供不应求。为了择优录取，这些幼儿园往往设置了最后一道关卡，那就是入园考试。只有被幼儿园录取了，才能真正成为其中一员。因此，有的幼儿园的考试也有相当的难度，甚至不只是考宝宝，还要考家长呢。

1. 宝宝篇

幼儿园考试的主要对象是宝宝。一般而言，考试主要围绕着孩子的语言表达、认知能力、动作协调、行为习惯等方面展开。

一些常见考题有：

① 了解宝宝的表达能力和自我认知感

如问关于宝宝自己的情况，“宝宝叫什么名字”“宝宝几岁啦”“宝宝是男孩还是女孩”“你喜欢吃什么啊”等。更难一些的，还会问“你的爸爸妈妈叫什么”“爸爸是做什么工作的呀”“你知不知道你家住在哪里”等。

② 了解宝宝的身体协调性和动作能力

如让宝宝滑滑梯、让孩子随意走几步、拿皮球让孩子放入筐中，以及完成串珠、搭积木等游戏活动。

③ 了解宝宝的行为习惯

如让宝宝把玩具归位、摆放小椅子、丢弃废纸，以及通过提问宝宝“平时谁陪着你玩”“你的玩具都谁来收拾”等问题，了解宝宝在家的情况。

④ 综合考察宝宝的知识基础

如要宝宝背一两首儿歌，指认图物，分辨物体的颜色、大小或形状等。

⑤ 在玩耍的过程中考察宝宝

如单独给宝宝一些玩具，有时还会要几个宝宝一起玩玩具，来观察宝宝在玩耍过程中的表现，以及宝宝的合作能力、沟通能力等。

2. 家长篇

除了面试宝宝外，有时候老师也会和家长聊一聊，主要是想更多地了解一下宝宝的教养环境、性格、自理能力、生活习惯等，以便日后针对宝宝的情况和家长有效地沟通，更好地教育宝宝。

常见问题有：

① 了解宝宝的教养环境

如“宝宝由谁带”“晚上宝宝跟谁睡”“是否常带孩子出去玩”等。

② 了解宝宝的性格和自理能力

如宝宝是否能自己吃饭，是否挑食、偏食，有没有食物过敏、忌口等；宝宝每天几点睡觉、几点起床，是否睡午觉；宝宝是否会自己表达如厕的意愿，是否还用纸尿裤等。

在和老师交流的过程中，家长可以适时地介绍孩子的优点，并表达出自己对孩子教育重要性的认识，对老师工作的支持，态度诚恳、友善，一定能给宝宝加分。

由此可见，幼儿园考试也并非很难，更加注重了解宝宝的行为能力、自理能力、生活习惯等是否具备入园的基本条件。只要家长在日常的教养中能更加注意对这些能力的培养，并有的放矢地培训一下宝宝，相信在临场考试时宝宝一定会有很好的发挥，考入理想的幼儿园。

二十八　成为幼儿园的新成员

上幼儿园的事，程序还真是挺复杂的，说是“过五关斩六将”也不为过。一般来说，面试以后多久能收到正式的入园通知呢？

通过面试后，有些幼儿园会当场告诉家长宝宝是否被录取，但大多数幼儿园会在完成全部面试后，综合考察宝宝的情况再通知录取结果。一般来说，这个过程不会超过 1 个月，幼儿园就会打电话或是邮寄录取通知书，告知宝宝已被录取。家长也可以预先了解录取时间，及时打电话到幼儿园询问。

接到宝宝被录取入园的通知了。恭喜啦！恭喜宝宝就要成为幼儿园的一名新成员了！但是，别光顾着高兴，还有很多事情要做呢！

二十九　体检和办理计划免疫转移手续

接到幼儿园的录取通知，并不意味着万事大吉，宝宝入园还有不少手续要办，忘记一样也不行呀！

幼儿园在通知宝宝已经被录取的同时，还会告诉家长需要带宝宝进行入园的体检。

入园体检是幼儿园把住孩子们身体健康和安全的第一关！孩子们从家庭生活转向集体生活，每天接触最多的人也从家人转向同班的伙伴。但是，这个时候的宝宝正处于身体发育迅速、体内机能尚不完善的阶段，抗病能力也比较差，任何外部或身体内部的不良因素都会给宝宝的身体造成伤害，一旦在孩子中间出现传染源，很快就会传播开来，影响到很多孩子的健康。所以，入园体检，了解孩子基本的身体状况，为每个孩子建立健康档案，以及之后定期的健康检查，就显得非常重要了。

入园体检的项目都是针对孩子年龄特点的常规检查，如身高、体重等发育指标，内脏器官、五官情况检查，身体骨骼发育状况等，以及血常规、肝功能等生化检查项目。体检一般在所在地的妇幼保健医院或区级以上医院做，但也有些幼儿园是指定体检医院，并统一安排体检时间的。而且，体检结果是有一定的时效的。

所以，一定要注意幼儿园要求的体检时间和体检结果的有效期限。有时，幼儿园会要求在统一体检后或是规定的时间内将体检结果送交幼儿园，作为录取的最后一个步骤，也有些只需要在开学入园时一起交来就可以了，要注意询问清楚。

同时，家长还需要到宝宝原来的计划免疫定点接种医院或保健站，办理计划免疫接种记录手册和按照我国婴幼儿健康保健要求进行定期体检的保健手册的转移手续，并在宝宝入园时交到幼儿园。正式入园后，宝宝的计划免疫接种就都可以在幼儿园完成了。

在办理时，一定要确定从转出到宝宝入园后开始在幼儿园进行计划免疫接种的过程中，还有没有必须按时接种的疫苗，不要因为办理转移手续出现漏种。这些都是关系到宝宝健康、保健、按时接种疫苗的重要资料，是一点也不能忽略的问题。

三十　去幼儿园报到

入园手续办完以后，有些幼儿园会通知开学的时间，家长到时把东西带齐，直接送宝宝去上幼儿园就行了；有些幼儿园还需要有个提前报到的程序。

为了确定真正的入园人数，有些幼儿园还有提前报到的程序。比如，家长交来体检结果，预先交纳一些相关的费用等。这个程序有时是在放假前，有时是在入园前 1 周左右。家长要注意按照幼儿园通知的时间履行报到手续。

如果由于特殊的原因无法按时报到，请一定及时与幼儿园联系，说明情况，申请延期报到，并要求幼儿园保留宝宝的名额。否则，幼儿园可能以为宝宝暂时不入园或转入其他幼儿园，视为退园，就会接收其他的宝宝入园了。尤其是一些质量好、声誉高的幼儿园，一名孩子退出立刻会有其他孩子补充进来，再想入园可能就很困难了。家长办完这些手续，就可以在开学时按时送宝宝入园了。

如果是没有报到程序的幼儿园，就可以在规定的开学时间带齐体检结果、计划免疫接种手册等送孩子入园了。如果到开学时由于某些原因宝宝不能来上幼儿园，家长应向园长和老师讲明情况。一般来讲，开学 1 个月之内，家长既不同园长、老师说明情况，也不带孩子来园，幼儿园就有权将其作为自动退园处理。

第三章 快乐入园需要做足准备

要让宝宝成功迈出独立人生的第一步，愉快地开始幼儿园的生活，家长就要从心理、行为能力、物质等方面帮宝宝做足准备。一段时日的培训和实习是个非常有益的过程。

三十一　准备需要的物品

宝宝天天在家，吃的、穿的、用的都在手边，家长也不会对此有什么特别的感觉。可宝宝一旦要去幼儿园，就会感觉要准备的东西特多，总怕忘记什么。

现在，幼儿园的设施、设备情况越来越好，为宝宝和家长考虑的也越来越周全。一般来讲，幼儿园会统一准备床具、餐具、杯子、毛巾等生活必需品，并在教室统一制作柜子给宝宝们放衣服、鞋子、书包等物品。所以，家长要在考察了幼儿园的情况、详细询问幼儿园统一配备哪些物品以后，再根据需要为宝宝准备上幼儿园需要的东西。

1．书包

为宝宝准备一个漂亮的小书包。即使原来有，也不妨在入园时给宝宝再买个新的，而且买书包时可以带上宝宝，让他在适当的几个品种中自己做主选一个他最喜欢的。回来以后，在书包表面绣上或写上宝宝的名字，以利于与别人的区分，也便于老师辨认。

让宝宝记住自己的书包什么样子，名字绣在哪儿，还可以告诉他："背上新书包去上幼儿园，就说明宝宝长大了、长本领了，妈妈相信宝宝一定会非常棒的。"对于刚入园的宝宝来说，书包里装些什么并不重要，但每天能背着心爱的新书包上幼儿园，会增添宝宝上幼儿园的新奇和快乐，还会有一种成就感。

也有一些幼儿园是为入园宝宝统一配备书包，书包上还印有幼儿园的名称。

2. 衣物

要为宝宝准备上幼儿园穿的上衣、裤子、袜子等。

外衣最好是开身的，宝宝穿脱容易些，在游戏活动时也方便随时增减衣服；裤子要装松紧带的，容易穿脱，舒适、方便。

最好不要让宝宝继续穿着开裆裤,这样卫生一些。这是什么原因呢?一来，幼儿园的小椅子是大家随便坐的，要避免不洁物质和孩子间一些疾病的感染;二来，也避免游戏中宝宝可能席地而坐带来的不卫生情况。

如果个别的宝宝自己脱裤子上厕所还有些困难，至少最外面的裤子不要是开裆裤。不要给宝宝穿背带裤，因为上厕所和睡觉时穿脱都不方便，宝宝自己可能还弄不好带子。

男孩子最好不要穿前门襟装拉链的裤子，以免宝宝拉拉链时不小心夹到生殖器。让宝宝认好自己的衣服，并在所有的衣裤上绣上宝宝的名字，以免拿错、弄丢。除了每天穿在身上的，最好根据季节为宝宝准备里外一整套衣服，包括一双袜子，有条件的可以存放在幼儿园或把它们装在书包里，以备宝宝不小心尿床、尿裤子或因其他活动弄脏时替换。

如果是整托的宝宝,就要根据幼儿园的要求和宝宝在园居住的天数,为宝宝准备更多的换洗衣物。除去周一穿在身上的,至少每天一条内裤、一双袜子，每周 1 ～ 2 套内衣和外衣，最好也要有至少一整套备用的。如果是夏天，宝宝活动多、出汗也多，那就要考虑每天换衣服了。

也有一些条件很好的幼儿园，有专门的人员负责每天在幼儿园为宝宝清洗换下来的衣服，那就可以根据情况减少一些。

还有，为宝宝带一两条小手绢，擦汗、擦嘴都能用，有时还能充当老师教手工课的小道具。这也符合现在提倡的简约、环保的新主张。

3. 小马甲

根据季节，在春秋季，给宝宝准备一件马甲（或薄绒马甲）；到冬天，准备一件棉马甲（棉背心），可以略微长一些，以能盖到宝宝的小屁股为宜。

幼儿园要出操和安排户外活动，如果宝宝穿上外衣或外套，尤其是冬天的棉外衣，会影响活动，宝宝也容易出汗。如果不穿外衣就到户外，尤其是天气比较冷的时候，室内外的温差往往让宝宝一下无法适应而容易着凉感冒。适当加一件马甲，既可以保暖又不影响活动，是非常有用的。

当然，也有些条件很好的幼儿园会给宝宝统一准备。

4. 鞋子

为宝宝准备便于穿脱和有明显特征的鞋子，以轻便、合脚、防滑、不用系鞋带，且适合运动的鞋子最佳。便于穿脱就不必多说了。刚入园的宝宝常有相互穿错鞋子的情况，一双特征明显的鞋子会让宝宝容易辨认。宝宝活动时，小脚经常会汗津津的，整托的宝宝还要多带上一双鞋子，每天轮换着穿，保持鞋子的干燥、舒适。

除非幼儿园统一准备，否则还要给宝宝准备一双拖鞋。一般在准备睡觉时，宝宝们就会换上拖鞋，方便上下小床。整托的宝宝每天洗漱或洗澡时也要用到。拖鞋一般要塑料的，大小、肥瘦都要合适，鞋底还要防滑，在宝宝去厕所和盥洗室时才方便、安全。

一定要提醒家长的是，不要因为宝宝的小脚长得很快，考虑省事、省钱给宝宝买过大的鞋子。大鞋在出操、游戏等集体活动，尤其是跑、跳、攀爬，以及宝宝上厕所时，都很容易脱落，非常影响宝宝的活动，也是一个安全隐患。

5. 床具

有些幼儿园需要家长自己为宝宝准备床具，如被褥、床单、枕头、枕巾等。也有些幼儿园为了寝室的整洁，统一准备床单、枕头、枕巾等，只要自带被子。幼儿园的入园通知一般都会写得很清楚，家长们只要按照要求准备就好了。当然，如果要准备被子，就需要根据季节准备几种厚薄不同的被子，以便适应季节变化。被褥等床具最好也绣上宝宝的名字。

6. 照片

幼儿园可能还要求带几张宝宝的照片，或用于贴在水杯架、毛巾架等地方，帮助宝宝辨别属于自己的用品，也有的是贴在作业展示栏里。教室里贴有自己的照片，会给宝宝一种归属感。需要注意的是，照片最好是端端正正的标准照，太小时的照片可能会被其他小朋友嘲笑。

7. 学习用具

有些幼儿园会要求家长按照统一的模式准备一些学习用具或材料，如彩笔、彩色折纸等，但这通常是开学以后的事情了，可以等幼儿园的通知再准备不迟。

三十二　早早做好心理准备

有些宝宝对家人的依赖很严重，一离开家人就会哭闹。家里老人也难免会觉得幼儿园照顾不周到、孩子会受别人欺负，而这种焦虑、担忧也会影响到宝宝。

说到宝宝上幼儿园会遇到的问题时，常常会听到、看到“分离焦虑”这个字眼。所谓分离焦虑，主要是指幼儿在和抚养者分离时表现出的一种不安情绪和行为。

对幼儿来说，情感性依附是他们身心健康发展的必要条件：宝宝在心理上、情绪上需要与爸爸妈妈沟通、交流；在探索环境中的陌生东西时，需要爸爸妈妈提供安全保障；遇到困难或是害怕时，需要爸爸妈妈的帮助和保护；宝宝需要注意他人，也需要被他人，尤其是最亲近的爸爸妈妈注意。

开始去上幼儿园了，一下子离开爸爸妈妈，面对一个完全陌生的环境，接触陌生的人和事，每个宝宝都会多多少少有紧张、不安、无助、恐惧、焦虑的情绪出现，只是轻重程度有所不同，但如果引导不好或过分严重的话，则会对幼儿的身体和心理产生较大影响。可以说，人一生中最大的分离焦虑就是在幼儿园产生的。所以，如何能使宝宝开开心心、快快乐乐地入园，对每个家庭来说都是件大事，对每个宝宝的爸爸妈妈来说，都是一道很难面对又必须面对的题目。

宝宝上幼儿园，对于每个家庭来说都是件大事。任何焦虑、不安、恐惧等不良因素都会使孩子不愿意去幼儿园。要使宝宝能够顺利地适应幼儿园的生活，入园前的心理准备是首要的。爸爸妈妈要从积极的方面引导宝宝对幼儿园产生兴趣，让宝宝喜欢幼儿园，接受上幼儿园的事实。

这个工作不是一朝一夕、一句话两句话就可以解决的，而是需要一定的时间和过程。

1．尽早给宝宝灌输“上幼儿园是长大的标志”的信息

爸爸妈妈要尽要给宝宝灌输“上幼儿园是长大的标志”的信息如宝宝已经长大了，不再是小孩子了，要独立了；长大了的宝宝都要学会自己的事情自己做，要上幼儿园，或者白天离开家，或者会在幼儿园住几天，离开爸爸妈妈，和老师、小朋友们生活在一起。这是长大了必须做的事情，也是宝宝长大的标志等。

爸爸妈妈还可以通过儿童读物中的故事、童话等，来强化“长大了要上幼儿园”这一概念。比如，小兔子长大了，兔妈妈就送他到幼儿园去了；小花狗、小松鼠长大了，也要到幼儿园去等。

2．以轻松愉快的心情和语调谈论幼儿园，激发宝宝期盼入园的愿望

宝宝最相信自己的亲人，爸爸妈妈自身的情绪会在很大程度上感染孩子。比如，用愉快的口气谈论与幼儿园有关的人和事物，告诉宝宝幼儿园里都有什么、在幼儿园可以做什么、上幼儿园宝宝会有什么样的进步等，并把宝宝将要入园当作一件大事、喜事、全家人都非常期盼的事来讨论、迎接。这样可以让宝宝对幼儿园充满了向往、好奇，觉得能上幼儿园是件非常高兴、了不起的事，使等待入园的过程充满乐趣。

3．舆论和心理暗示的作用

要对去幼儿园的行为表示肯定和赞赏，还可以用宝宝熟悉的小伙伴做榜样。在和邻居小朋友们玩耍时，故意大声表扬某个上了幼儿园的小朋友，“××真的是有进步了（有礼貌了），原来是因为上了幼儿园呀，我们宝宝如果上了幼儿园一定也会很棒的……”，让宝宝对上幼儿园有一种期待的心理。

4. 带宝宝到居家附近的幼儿园看一看、转一转

在幼儿园放学时可以进去转一转、玩一玩，让宝宝增强对幼儿园的感性认识，在上课的时间带宝宝看一看，看小朋友游戏时的快乐、热闹的场面，如可能让宝宝跟着大孩子玩一会儿，让宝宝知道在幼儿园的情形，消除陌生感，产生亲切感。

5. 多交新朋友，多与小朋友一起玩耍

在游戏的时候，让宝宝多认识新朋友，鼓励他主动和小朋友交流，积极参与到共同的游戏中。爸爸妈妈还可以和新认识的其他孩子的爸爸妈妈聊聊，说不定能有一同上幼儿园的小伙伴。在幼儿园看到自己熟悉的伙伴，对宝宝入园之初消除不安和适应新的环境，也是很有益处的。

6. 不要在宝宝不乖或出状况时，用要把宝宝送幼儿园来吓唬他

有的爸爸妈妈在宝宝不乖时，会顺嘴说出“看你不听话，我把你送幼儿园”“我是管不了你了，等着让老师来管，看你怕不怕”之类的话。爸爸妈妈说这些话时可能是有口无心，或许觉得宝宝听了转眼就会忘掉，可时间久了，幼儿园就成了宝宝心目中受惩罚、受管制才去的地方，会使宝宝产生对幼儿园恐惧、抵触的心理。

7. 不要在宝宝面前谈论幼儿园的种种不好

谁的身边都会碰上家里有宝宝在上幼儿园的邻居、同事、朋友，难免会说到孩子在幼儿园的种种情况，像设施不够，饭菜不好吃，有老师对孩子不认真、不耐心，在幼儿园磕磕碰碰，在幼儿园受欺负了等。

爸爸妈妈在谈论这些时，一定尽量不要让宝宝听到。虽然谈论的那所不尽如人意的幼儿园、那个不够好的老师都不是宝宝即将面对的，但宝宝分不清这些，可能会觉得幼儿园都是这样的，不愿意上幼儿园了。

8. 不要因为爸爸妈妈的不安和顾虑影响宝宝

有资料表明，近些年新入园的幼儿中，焦虑程度严重的幼儿数量在增加。为什么呢？看看新生入园时，幼儿园门外那些同样焦虑不安甚至泪洒衣襟的年轻父母，你就明白了——现在的宝宝多是独生子女，爸爸妈妈在生活上的过分娇惯影响了幼儿自理能力的发展，活动上的过多限制影响了幼儿人际交往能力的发展，填鸭式的教育方法影响了宝宝主动探索和积极创造能力的发展。

而这些能力上的欠缺，不仅直接影响幼儿自信心的发展，也使爸爸妈妈在要把宝宝送到幼儿园时充满了不安和紧张，总怕宝宝不适应、不习惯、受委屈、受欺负，叮咛嘱咐、依依不舍，甚至眼泪汪汪。爸爸妈妈的这种情绪也会带给宝宝负面的影响，使宝宝产生更大的心理恐惧和分离焦虑。

三十三　生活能力直接影响宝宝对幼儿园的适应

对于生活自理能力比较差的宝宝来说，上幼儿园，肯定会需要很长时间才能适应。如果爸爸妈妈明白或者发现了这一点，就需要抓紧时间想方设法补救。

新生班的老师常会听到“老师，我们家的宝宝特别……，他从来没有……，请老师费心多照顾照顾……”的请求。出于对孩子的爱护，对有困难的孩子，老师肯定会多照顾一点的。但问题在于，如果宝宝长时间不能自理，总是需要老师特殊的照顾，很容易形成一种心理定式：我需要额外的帮助。这种心理定式易造成宝宝潜意识中的自我评价低，或放低对自己的要求，对自理的学习及智力方面的学习都将产生负面影响。

根据对新入园宝宝的观察和调查，难以适应幼儿园生活、哭闹现象严重的宝宝，多半生活自理能力和自理意识较差，又不善于用语言表达自己的愿望。而了解这些宝宝入园前的家庭生活情况发现，由祖辈或全职妈妈照料的占多数，大人都对宝宝给予无微不至的照顾，宝宝很少有自己动手的机会，享受着饭来张嘴、衣来伸手的待遇。甚至，孩子还没有说出自己想要什么，大人早已经想在前面、做在前面了。这种过度的保护和照顾，使宝宝的生活能力、自理能力相对较差，而且对家人的依赖性很强，也缺乏自我意识和表达、沟通能力。

这样的话，宝宝在入园后肯定难以习惯新的生

活，不断地遇到这样那样的问题和困难，弄不好还会被其他小朋友嘲笑。而生活上的挫败，又会使宝宝的心理受到更大的打击，带来焦虑、烦躁、不安全感，宝宝只好用哭泣来表示和发泄自己的情绪，并对幼儿园产生本能的抵触和拒绝，使适应幼儿园变得更难。

三十四　入园前需要培养的生活能力之自己吃饭

古语说，民以食为天。对于上幼儿园的宝宝来说，能不能吃好饭是个大课题，也是很多爸爸妈妈非常担心的一件大事。

学会自理是每个孩子人生的必修课，而爸爸妈妈就是这门课的第一任老师。平时，年轻的爸爸妈妈常把“不能让宝宝输在起跑线上”这句话放在嘴边，但自理能力却常常成为他们忽视的“起跑线”。当宝宝面临入园而生活能力比较差的情况时，爸爸妈妈应该先拿出一张纸，把宝宝还不能自己完成的事情、入园后可能遇到的困难一一列出，试一试从现在开始让他自己照顾自己，一点点学会做事。

起初，可能他不会的事情很多，可能他根本就不愿意做，也可能他做反而会给大人添很多麻烦、耽误很多时间，甚至打翻东西弄得满身满地到处一团糟……但爸爸妈妈必须有足够的耐心来教，鼓励宝宝自己动手，从最容易掌握的技能开始学习；还要有足够的恒心来坚持，不要因为一时的慢和乱，就训斥他或者干脆动手帮他、代替他。爸爸妈妈要从小到大、从易到难地帮宝宝逐步掌握进入幼儿园必要的生活技能。而要培养宝宝入园后必要的生活技能，第一关就是让宝宝自己吃饭。

吃饭问题是新入园的宝宝遇到的最普遍的问题，这与入园前宝宝在家没有养成良好的饮食习惯有关。在家的时候，有的孩子是边看电视边吃饭或边玩边吃的，有的孩子需要大人端着碗追着喂才吃饭，有的孩子挑食、偏食，还有的孩子因为家中的食物过于精细而不会咀嚼、不会吞咽等。诸如此类的不良饮食习惯，不仅对宝宝营养摄取、身体健康不利，还会影响宝宝对幼儿园生活的适应情况。

不良的饮食习惯的养成，往往是爸爸妈妈的原因——怕孩子吃不好、营养差，怕孩子自己吃饭弄脏衣服、地板，就想方设法哄着追着孩子喂给他吃，或是认为饭菜越精细越好，宝宝爱吃的就使劲给、不喜欢的就不吃，唯恐孩子饿着……所以，要解决这个问题，需要爸爸妈妈从自身做起，为孩子创造良好的饮食环境，养成良好的饮食习惯。

1. 要创造轻松愉快、舒适卫生的就餐环境和气氛

吃饭前介绍一下今天的饭菜有哪些，闻一闻有多香，看一看有多漂亮，再告诉宝宝吃了这些就能长得高、长得快，甚至让孩子参与到做饭的过程中（当然，要量力而行），引起孩子的兴趣。

2. 尽早教会孩子自己独立吃饭

让宝宝在固定的地方吃饭，和大人同时吃饭，形成进餐的概念，并主动要求吃东西；吃饭前把玩具收好，营造吃饭的气氛，爸爸妈妈不要包办代替喂孩子吃，不要在旁边逼着、催着孩子吃，也不要看到宝宝弄得满身满脸，就忍不住动手帮他或是呵斥他，破坏了孩子尝试自己吃饭的热情和兴趣。

3. 及时鼓励、肯定宝宝的进步，让他对自己产生信心

孩子如果吃饭好、有进步，可以给他适当的奖励。比如，在月历上画一个五角星或一朵小红花、发一张小贴画，每天、每周数数能得多少个，是不是天天在进步。

4. 对吃饭慢、边吃边玩的宝宝的对策

可以试着给他规定吃饭时间，过时不候，规定吃饭地点，不能随意走动，如果故意捣蛋就干脆把饭收走。其实，一顿两顿饭吃得少或是根本没吃，不会影响到宝宝的营养和健康，反而会使他知道饿的感觉，慢慢纠正毛病、提高吃饭的速度。爸爸妈妈还可以每次给他少盛一点，碗里太多、太满，会让宝宝心理上不容易接受。少盛一点，孩子很快吃完了再添饭，成就感增加了，吃饭也就快了。

5. 宝宝偏食挑食，往往也与父母的饮食习惯有关

做父母的不要在孩子的面前谈论什么东西好吃、什么东西不好吃，也不要仅仅根据自己的喜好为孩子准备食物。要鼓励孩子对各种不同的食物都尝试，并且能吃一些较硬的或纤维较粗的食物，这些都对孩子营养的吸收和身体的发育有利。

6. 通过玩游戏的方式，帮助宝宝提高吃饭的兴趣

对于不太会用餐具的宝宝，平时可以给他玩舀豆子、夹豆子的游戏，以此训练宝宝掌握用勺子、筷子的能力。宝宝学会了方法，就会慢慢喜欢自己吃饭了。

三十五　入园前需要培养的生活能力之自己如厕

除了吃饭，让爸爸妈妈担心的还有上厕所。从卫生的角度考虑，很多幼儿园都是蹲坑，和家里为宝宝准备的、宝宝也习惯了的坐便器不一样。

的确，幼儿园的厕所多数是蹲坑，与在家里用马桶或是小尿盆的区别很大。由于很多孩子上幼儿园前都没有这样做过，上幼儿园后学会独立如厕、习惯蹲坑，成了孩子们很重要的一课。有的宝宝因为胆小不敢用蹲坑如厕，直到憋得不行才去厕所而经常尿湿裤子，以至于在幼儿园不敢喝水；有的宝宝要把整条裤子都拉下来以后才小便，把整个肚子都晾在外面，天冷时很容易感冒。

为了避免这些问题，爸爸妈妈可以事先对宝宝进行训练：

第一，一定要给宝宝准备穿脱方便的衣裤，千万不要给男孩穿短裆的、有拉链的、紧身的牛仔裤，或是给女孩穿连裤袜、连身裤。

第二，可以在家教宝宝练习，学会如何分开双脚、下蹲，独立地穿、脱裤子。爸爸妈妈可找来几块砖头或木板，分叠在两边，高度和相隔的距离与幼儿园的便池差不多，然后叫孩子用双脚踩在砖头或木板上完成站立、脱下裤子、下蹲、站起来拉上裤子等一系列动作，不妨把这当成一个小小的游戏来反复练习。这样的话，宝宝在动作上慢慢熟练了，到了幼儿园很快就能学会使用蹲坑上厕所。

第三，要告诉宝宝，当出现便意时，就要赶快告诉老师，无论是在上课、做游戏还是午睡，老师都会让他去厕所。一旦不小心尿湿了裤子，老师和小朋友也不会嘲笑他，要及时告诉老师帮助换裤子。

第四，有些爸爸妈妈给宝宝使用纸尿裤的时间比较长，甚至 2 岁以上还在用。这种情况下，宝宝离开纸尿裤自己如厕的难度就会更大。这时，妈妈就应该事先向老师讲明情况，除了在家里对宝宝加强训练外，也拜托老师给予宝宝一些特别的关注，在喝水吃饭后、午睡前和醒来以后提醒宝宝及时去厕所，尽量减少“事故”发生。

三十六　入园前需要培养的生活能力之自己睡觉

有些宝宝在家里睡觉时都要一边喝奶、一边有人拍着哄着才睡。到了幼儿园，睡午觉就成了一个难题。

因为到达入园年龄的宝宝处在身体快速发育的阶段，午睡对于他们来说是很重要的。午睡可以调节孩子的神经系统，保证身体的调整和发育，帮助他们及时恢复体力和精力。比如，3 岁的孩子每天睡眠的时间至少应保证 12 个小时，其中午睡时间大约 2 小时。在幼儿园，每天午饭后的午睡时间，是对所有的孩子统一的要求。

许多宝宝在家里睡觉时往往要抱着、哄着，或是要喝奶甚至含着奶瓶才能入睡，入睡后也要有妈妈或家人陪伴；有的宝宝从小一直和大人睡一张床，不习惯一个人独自入睡。在幼儿园，老师不可能守在每个孩子身边，而是要求孩子躺到小床上自己入睡。因此，这样的孩子在入园后会不适应、不能入睡，甚至因为哭闹影响别的孩子休息。

在入园前，妈妈要让宝宝学会独立入睡。要改掉抱着、哄着或是喝奶才能入睡，以及与成人同睡一张床的习惯，告诉宝宝只有小小孩才需要那样睡觉，而要上幼儿园的宝宝已经是大孩子了，鼓励宝宝能像大人一样，自己躺在床上、盖好被子就睡觉了。起初，妈妈可以在入睡前陪他一会儿，给予适当的安抚，逐渐改为看着他躺好、盖好就离开，让他慢慢习惯自己入睡。

有的宝宝不能独自入睡，是因为看不到妈妈，觉得害怕、没有安全感。妈妈要告诉宝宝，即使妈妈或是以后幼儿园老师在他睡觉时不在身边，也一定就在附近，并会经常去看看他是否睡得好。如果宝宝有什么需要（上厕所或身体不舒服），可以随时向妈妈（老师）寻求帮助，并可以在家里实验几次，让宝宝感受到妈妈和老师都会随叫随到，以增强他的安全感。

如果宝宝的确有入睡困难的问题，或是在家里就没有午睡的习惯等，需要老师给予特别照料，入园时爸爸妈妈一定要提前和老师沟通，让老师有所准备。老师会在入园初期像妈妈一样陪着孩子，或给不能午睡的孩子安排其他活动。

三十七　入园前需要培养的生活能力之自己穿脱衣服

宝宝要自己睡觉，就要学会自己穿脱衣服，可很多宝宝在家都还是要大人帮忙的。怎么才能让宝宝尽快学会自己穿脱衣服呢？这里面也是有一定技巧的。

在家里，很多宝宝临睡前、起床后都是父母、家人帮着穿脱衣服、鞋子的。而到了幼儿园，除了小托班宝宝能力有限外，老师是不可能帮所有的孩子穿脱衣服和鞋子的。所以，宝宝入园前，妈妈要教会他自己穿脱衣服和鞋子。

第一，让宝宝认识自己的衣服，并能分清上下、前后和鞋子的左右。教给宝宝一些很容易找到的标志，比如开衫分开的一边是前面，区分鞋子的左右可以看看鞋带开口的方向等，还可以有意识地选择一些有可爱的小动物或卡通图案做标志的衣服、鞋子，帮助宝宝更快地掌握要领。如果开衫的扣子扣不好，或是拉链拉不上，要教会宝宝请老师帮助。

第二，穿脱衣服是件熟能生巧的事情。在教宝宝穿脱衣服、鞋子时，妈妈需要一定的时间和耐心，不要急躁，也不要因为宝宝学得慢、动作不熟练而训斥孩子，要耐心地、反复地告诉他技巧、方法，鼓励宝宝的每一点进步。通过练习宝宝逐渐就能学会。

第三，为带动宝宝熟练掌握穿脱衣服和鞋子的方法，妈妈可以通过穿衣比赛、扣扣子比赛的方式，让这件事情变得更加有趣，让宝宝像做游戏一样，就会乐意学习和练习了。

第四，给孩子买衣服和做衣服时，一定要选择孩子容易穿脱的衣服，如宽松的、有松紧带的裤子，前面系扣的衣服，以减少孩子穿脱衣服的难度。还可以将衣服适当改一下，比如将小扣子换成孩子容易拿的大扣子；将扣子的洞眼开得稍大一点等；鞋子最好选择有松紧带的、尼龙搭扣的，使宝宝更容易掌握。

要知道，无论吃饭、如厕、睡觉、穿衣，对于宝宝来说，都不是一朝一夕就可以学会的，有时甚至要几个月的时间才能取得成效。这就需要妈妈早做准备，并拿出足够的耐心，根据宝宝的年龄和能力，逐步进行各方面的训练，让宝宝掌握进入幼儿园应有的生活能力和自理能力。

三十八　教会宝宝遇到困难找老师

无论怎么说，上幼儿园也不比在家里，宝宝难免会遇到各种各样的问题。这个时候，要让宝宝明白，在幼儿园，老师是他最亲的人和最好的帮手。

的确，无论怎样准备、怎样培训，毕竟是小孩子离开家到一个新的、要自己独立面对的环境，能力发展再好也肯定还是会因为年龄小而显得有限。在幼儿园里，除了日常生活需要完成吃饭、穿衣、睡觉这些事情，还面临着一下与那么多同龄的孩子相处的状况，遇到各种各样的问题、困难肯定是在所难免的。尤其对于那些比较内向或是较少和外界接触的宝宝，到了幼儿园这样的新环境中，面对还比较陌生的小朋友和老师，会更加胆小、害羞、不敢说话。

所以，在教会宝宝生活技能的同时，家长还一定要告诉宝宝：在幼儿园里，老师就像妈妈一样，会爱宝宝、喜欢宝宝、指导宝宝、帮助宝宝，无论遇到什么问题都可以去请求老师的帮助，并且教会宝宝如何向老师表达。

第一，家长要尽量教会宝宝用最简洁、清楚的语言去表达各种可能遇到的问题，让他能够做到“少说话多办事”。

第二，在家里要鼓励宝宝表达自己的意愿、想法。即使是家长已经很明白他的意思，也一定要耐心地等他把话说完，让宝宝能把话说完整、说清楚。

第三，把宝宝的情况提前和老师沟通，把宝宝的一些习惯性动作代表的意思告诉老师，以便在宝宝遇到问题时老师能够了解他的意思，给予更多的关照；或是看到宝宝舔嘴唇，就主动问问他：“你是想喝水吗？”

然后，可以要求宝宝能完整地向老师表述："老师，我想喝水。"

这样，在老师和家长的配合下，一起来鼓励宝宝多讲话、多表达，有问题主动找老师帮助解决。

三十九　帮宝宝掌握与人交流的基本语言

需要教会宝宝的东西太多了！有没有哪些是必需的？首先就是语言关，不妨通过训练帮宝宝速成一下。

要上幼儿园了，有些最基本的语言和交流方式，是必须让宝宝掌握的。

1. 关于宝宝自己的语句

比如，宝宝叫什么名字，乳名是什么，几岁了，是男孩还是女孩，家里都有什么人，平时最喜欢吃什么东西、玩什么玩具和游戏等，可以是宝宝连贯的自我介绍，也可以是在别人提问时逐一回答。更好的是，在回答别人问题后，还能和别人有个交流："我叫 ××。你叫什么名字呀？"这是宝宝主动向老师和小朋友介绍自己、和别人交往的基础。

2. 向别人问好、道别等基本的礼貌用语

每天早上入园，宝宝要会向遇到的老师、小朋友问声"早上好"；得到别人帮助时要说"谢谢"，别人向他致谢时要说"不客气"；游戏中不小心碰到小朋友，或是给别人添了麻烦，要会说"对不起"；晚上妈妈来接了，离别时要和大家说"再见""明天见"……一个有教养、有礼貌的孩子，自然容易赢得大家的好感和喜爱。

3. 遇到困难时请求老师帮忙的语言

要说实用性强的，当然是在遇到困难时请求老师帮忙的语言了。比如，告诉老师渴了、饿了，还要添饭或是汤，吃饱了没有，要大便、小便，以及请老师帮助穿脱衣服、鞋子等。

妈妈要注意的是，在家里宝宝用的语言常常带有很重的个人特色，

但其他人可就不一定能听得懂了，所以要尽量用简单、标准的语言来表达。而幼儿园里孩子多，有时宝宝只是说出来，老师不一定能够听到或者注意到。这时，宝宝可以走到老师面前去说，或是干脆拿上自己的衣服去找老师帮忙穿。

4. 宝宝和小朋友的对话

孩子们之间的交流也是在幼儿园不可少的。除了自我介绍、礼貌用语，还要让宝宝学会和小朋友对话。比如，“我们一起玩这个玩具好吗”“你看完这本书能给我看看吗”“请帮我拿一个布娃娃行吗”等，并会用合适的语言应对小朋友的各种问题。

在准备上幼儿园时，妈妈不妨在家里用和宝宝玩角色游戏的方式来练习，让宝宝对这些交流用语有初步的感知并逐渐熟悉。这样一来，宝宝就会对到现实中使用它们充满了期待和兴趣，到了幼儿园也会很快与老师、小朋友建立交往和友谊。

四十　认识自己的物品，并能简单地整理

宝宝上幼儿园需要带些衣物用品，自己的东西肯定要自己收拾整理。要让宝宝练习整理内务、养成好习惯，需要提前进行一些训练。

如果妈妈是个有心人，这个提前的训练就一定要做。

宝宝每天去幼儿园，需要带上备用的换洗衣服、小手绢等用品，天气变化时还会有随时穿脱的外衣，幼儿园也会要求宝宝带画笔、作业等物品。幼儿园孩子多，带入幼儿园的东西常常会是一模一样的，即使老师再负责任，也难免会弄混。如果宝宝还不能认识自己的物品，也根本不会自己整理，总是丢三落四的，对老师、对家长来讲，实在是件很麻烦的事情，也不利于孩子养成良好的习惯。

1. 为孩子的物品做好统一的记号

家长要给孩子的每样物品上都做个统一的记号，如缝上或写上名字、贴一个小贴画、画个约定好的小标识等，让宝宝记住这个记号，并知道有这个记号的东西就是自己的。这样，不仅在遗失、弄混时方便老师帮助寻找，也能锻炼宝宝的观察能力和责任心。

2. 帮助孩子学会简单地整理物品

每天去幼儿园时，提醒宝宝留意都带了什么东西、放在书包的什么地方，最好是让宝宝一起整理书包，甚至逐渐能让宝宝自己整理东西，而家长成为助手。

每天放学时，问问宝宝带去的东西是不是都装好了，离开幼儿园前不妨再和宝宝一起检查一下，回家后再问问宝宝老师有没有要求第二天

带什么，提前准备好、装好。

虽然起初显得很麻烦，比妈妈代替宝宝整理需要多花很多时间，但经过一段时间的锻炼，妈妈就会发现宝宝的进步，看到良好的习惯带来的好处了。要知道，这对于孩子以后上小学、中学乃至一生都是有益的。

四十一　让宝宝记住自己的学名

在家时，家长往往习惯叫宝宝乳名。可到了幼儿园，老师大多是要叫学名的。宝宝会不会根本意识不到是在叫他呀？

每个宝宝都有个乳名，在自家人亲切的呼唤中慢慢长大。而在即将走出家门、进入幼儿园时，名字也成了宝宝要面临的问题。

老师在幼儿园一般都是称呼孩子的学名。幼儿园已经是集体的、社会化的环境了，进入幼儿园称呼学名，对宝宝来说，是一种尊重，也是一种长大的标志。而且，从这个年龄开始，宝宝的自我意识、独立性和社会性都大大增强了，更希望大家把他当作大人来看待。如果在公共场合还是称呼他的乳名，宝宝会有不好意思、不舒服的感觉，对孩子的心理感受、社会性发展都会有不良的影响。

另一方面，乳名的重复率很高，在一个班的几十个孩子中叫“宝宝”“妞妞”“乐乐”这样的乳名，可能会有几个孩子一起答应，不知道老师到底要找谁。因此，在准备上幼儿园时，家长要让宝宝知道自己的学名，并习惯于听到这个学名马上反应到是在叫他。

四十二　养成良好的生活习惯

上了幼儿园，宝宝每天的生活应该是相当有规律的，跟在家里很不一样，就是不知道宝宝能不能习惯。

上了幼儿园以后，每天起床、出发、到园及放学的时间都是固定的；而宝宝在幼儿园一日的作息时间也是很有规律的。对于在家里一直自由散漫、想吃就吃、想睡就睡的宝宝来说，的确是件很难适应的事情，尤其是早上按时起床、中午按时午睡，以及幼儿园里按照教学安排“现在要上课，之后才能玩玩具”等要求。

1. 规律生活很重要

宝宝是非常喜欢按熟悉的常规办事的。有节奏、有规律、按部就班地生活，可以给宝宝带来安全感和稳定的情绪，有利于孩子的身心发展。所以，家长只要按照宝宝的年龄特点，合理地为他的生活设立一些常规，宝宝就会很愉快，也会很乐于接受这种有秩序的生活。

长期的调查、观察和研究表明，如果想让宝宝愉快地起床并拥有快乐的一天，最好的方法就是建立宝宝能接受的常规，建立生物钟，每天按时用餐、游戏、就寝、起床。

否则，在一贯没有规律的情况下，因为需要按时上幼儿园了，每天宝宝都是在家长的催促下很不情愿地，甚至哭着、闹着，在家长的呵斥下起床，他整个早晨的情绪都会不稳定，做任何事情的积极性都不高。而且，宝宝会把这全部归罪于上幼儿园，从而产生强烈的排斥、抵触情绪，每天想方设法地找理由赖床、不去幼儿园，久而久之，就会形成一种恶性循环。

2. 生活中建立时间观念

要让宝宝了解时间概念其实也很容易。现代社会充斥着各种各样的信息，这些信息都可以成为让宝宝了解时间概念的信号。比如，宝宝经常看的动画片之类的节目时间都是相对固定的，电视可以帮助他准确地报时：动画片开始的时候，就是妈妈下班回家的时间了；动画片结束了，就是《新闻联播》了，爸爸就该下班了，全家就该吃晚饭了；而一集电视剧播完了，就到了宝宝该洗漱准备睡觉的时间了……这种有规律的、重复的电视节目，除了具有欣赏娱乐的功能外，还是宝宝的小小生物钟！

上床睡觉的常规可以从刷牙、洗脸或洗澡开始。这时，家长需要让宝宝知道，只要做这些事情就意味着该睡觉了。从这个时间开始，家长也要配合宝宝一起安静下来，不要再去逗宝宝或让宝宝做剧烈的活动，可以在床上给他读书、讲故事，告诉宝宝明天还要按时起床、上幼儿园，使宝宝尽快入睡。

同时提醒家长，每天早上，全家人都赶着去上班、上学或从事其他活动，是一天中最忙碌、紧张的时刻，最好在头天晚上就把第二天的早餐，以及大人孩子要穿的衣服、要携带的物品都准备好，放到固定的地方。这样，早晨就用不着花时间去想该穿什么、拿什么了，每个人都会很轻松。

四十三　像幼儿园一样安排作息表

宝宝在家时，可以每天睡到自然醒，想什么时候吃饭就什么时候吃，想出去玩了说走就走。不少爸爸妈妈担心宝宝这样“无组织、无纪律”惯了，很难适应幼儿园的作息。

宝宝在家里的一日生活，随意性比较强，想吃就吃、想玩就玩的情况不在少数。还有，因为爸爸妈妈白天要上班，只有晚上回家才能和宝宝一起玩儿，而宝宝一天没有见到爸爸妈妈了，难免玩起来就兴奋、没有节制了，养成了爸爸妈妈几点睡觉宝宝就几点睡觉，第二天早上很晚才起床的习惯。这些对于宝宝适应入园后集体的、有规律的生活都很不利。

所以，在宝宝入园前的一段时间内，爸爸妈妈要尽量把宝宝的生活规律向幼儿园一日作息靠拢，尤其是养成按时就寝、按时起床、按时三餐的习惯。

幼儿园每天的生活安排是根据幼儿发展的心理、生理特点来确定的，既有内容丰富、形式多样的学习活动，也有适合幼儿年龄的游戏、运动，还要安排好用餐、午睡，以保证幼儿在园快乐、安全、健康地成长。

每年的秋冬季和春夏季，由于气候原因会在时间上略有调整；小托班的宝宝因为年龄小，每个时间段会比其他班级略短一些，休息的时间略长些；幼儿园则不同，课程安排、游戏项目设置上也会有所不同，但大体上都是差不多的。

参照以下时间表，爸爸妈妈们可以从上幼儿园前就帮助宝宝调整作息规律、养成好习惯。

6：30–7：00　起床、如厕、洗漱（全托班）

7：00–7：30　早锻炼（全托班）

7：30–8：30　日托班接待，洗手、早餐

8：30–11：30　上午课程和户外活动时间

（每30–40分钟为一个时间段；中间休息时间安排喝水、喝牛奶或豆浆，有些幼儿园还有上午餐点；上午课程和活动结束前，会留出一段餐前活动时间，让孩子们平静，并做洗手等用餐准备。）

11：30–12：00　午餐

12：00–14：30　餐后散步、午睡

14：30–15：00　起床、下午餐点

15：00–16：30　下午课程、户外活动

（每30–40分钟为一个时间段；中间休息时间安排喝水。）

16：30–17：00　晚餐，餐后日托班离园

17：00–20：00　晚间活动（全托班）

（19：30左右安排一次晚点。）

20：30–21：00　洗漱、准备就寝（全托班）

四十四　能够离开爸爸妈妈独立游戏

有的宝宝特别胆小，无论到哪儿去，都要有人陪在身边，就算是再喜欢的游戏，没有大人陪着，宁可放弃。宝宝这样黏人，到幼儿园怎么办呀？

如果注意观察，无论是在游乐场还是在幼儿园，我们都能看到这样的情景：大多数孩子都玩得不亦乐乎，但总有几个孩子，虽然看着别的小朋友的眼神中充满了羡慕、渴望，却不肯松开爸爸妈妈的手独自去玩耍，或者只是独自一人站在旁边眼巴巴地看着，任凭怎么鼓励也像脚底下生根一样不动地方。做爸爸妈妈的，面对这样的孩子，常常无可奈何地归咎于“这孩子真是胆小”。

虽然孩子的问题不能都归咎于胆小，但培养宝宝能离开爸爸妈妈独立游戏，对于即将进入幼儿园的孩子来说是非常重要的。在这里，首先需要明确的是，在这个问题上，爸爸妈妈们一定要本着循序渐进的原则，不能急于求成。另外，爸爸妈妈们先要有个放松的心态，舍得放手，不要总怕宝宝会被别人欺负，这样可以帮助宝宝有效地消除紧张感。在这样的前提下，爸爸妈妈们不妨尝试一下下面的办法。

1. 可以先邀请宝宝熟悉的小朋友到家里做客

家的环境是最能给宝宝安全感的、让他最放松的地方，而且宝宝在家里还会有一种做小主人的优越感，这样会使宝宝比较容易参与到小朋友的游戏中。爸爸妈妈可以先陪孩子一起玩儿，教会宝宝一些简单的交往技巧；当孩子们沉浸在游戏的快乐中时，再有意识地离开一会儿，比如给孩子们倒水喝或是到另一个房间去，离开的时间从短短的几分钟慢慢延长。

2. 可以带宝宝到熟悉的小朋友家做客

因为是熟悉的伙伴，有共同游戏的经验，又有爸爸妈妈陪同，宝宝自然没有了许多顾虑，就会前进一大步——到另一个环境和小朋友独立游戏。如果宝宝适应得很好，爸爸妈妈可以基本不参与孩子们的游戏，甚至离开孩子们游戏的房间，让宝宝独自和小朋友一起游戏。

3. 相约去公共场所玩耍

在这样你来我往的过程中，可以选择比较固定的伙伴，之后大家相约到公园、游乐场这些开放的、公共的场所玩耍。请别的孩子的爸爸妈妈配合一下，由他们带着孩子们进入游乐场，和宝宝说好“我们就在外面你能看到的地方等你”“如果有事可以出来找我们”，鼓励宝宝尝试着离开爸爸妈妈和小伙伴一起玩。

还有一件重要的事情就是，当宝宝有一点进步时，当宝宝一旦有离开爸爸妈妈独立游戏的行为时（哪怕只是短短的一两分钟），要给予积极的肯定和表扬，强化宝宝积极的、快乐的情感体验，消除他的紧张和不安。这样，大多数宝宝就可以慢慢学会离开爸爸妈妈独立游戏了。

四十五　学会与人交往和分享

还有一些宝宝不是不敢和小朋友一起玩，而是不会！比如，看到好的玩具就总想自己玩，不让别人动，怎么说也不管用……

对于宝宝不愿意把自己的玩具给别人玩的现象，不要简单地评价为“小气”而批评、斥责宝宝。2～3岁，正是孩子以自我为中心和独占意识主导的阶段，不会与人交往、合作，喜欢一个人游戏或是与伙伴间的平行游戏，是很正常的心理表现。对于爸爸妈妈来说，重要的是从孩子的年龄特点出发，引导他在与同伴的游戏中学会交往和分享。

平时在家里，爸爸妈妈可以向宝宝“借”玩具，并用宝宝的爱心来带动他的行为。“妈妈最爱你，是你最亲的人，把你的米奇画笔借给妈妈用用吧。”当宝宝真的把画笔借给妈妈时，要非常真诚地告诉他：“用宝宝的画笔，妈妈好高兴。”一般来说，被妈妈夸奖、能让妈妈开心，宝宝会非常快乐和兴奋，这样就可以让宝宝了解在与别人分享时，别人很快乐，自己也会跟着很快乐，自然会乐于与人分享。

在宝宝与同伴交往和游戏时，爸爸妈妈也要特别注意以下几点：

首先，不要强迫宝宝把最喜欢的玩具拿出来分享，可以问问他“你觉得哪个玩具可以给小朋友玩一会儿”，让他自己做出决定。

其次，当几个孩子一起游戏时，尽量提供足够的玩具，以满足孩子们希望单独游戏时都能有自己的选择，至少每个人有一件玩具。

最后，还要教会孩子和小朋友互换玩具，让宝宝能用合适的语言和小朋友交流，比如，“能把我的小熊给你玩儿，你把小鸭子给我玩一会儿吗？”或者给孩子们规定一个互换玩具的时间。

即使孩子们因为玩具发生些许纠纷，只要没有危险动作，爸爸妈妈就不必介入，让孩子们用自己的方式解决问题；更不要在其他小朋友不小心损坏了自家的玩具时，因为心疼而说“以后再也别给 ×× 玩了”的话，以免给宝宝留下不良印象。

四十六　培养宝宝的安全意识

走到哪儿，都会碰上几个好像从来都不知道害怕，什么都想动、什么都想试试，一点安全意识都没有的宝宝。如果在幼儿园里老师照顾不过来，这样的宝宝会不会很危险?

1. 安全教育不能少

年幼的孩子缺乏独立生活能力，各种感、知觉和动作能力也没有发育成熟，对于危险的认知和识别能力都很差，却对任何事物都充满好奇。他们不知道什么可以动、什么不可以动，不知道什么是危险，更没有自我防护的意识和能力。虽然幼儿园会有相应的安全规定和防护措施，但培养孩子的安全意识、让孩子懂得保护自己也是非常重要的。这是爸爸妈妈们应该从宝宝很小的时候就开始做的工作。

2. 讲述安全常识

首先，要让宝宝清楚地知道什么是不可以碰的危险物品，比如家里和其他地方的电源插头、煤气开关、热水瓶（器）、刀子、剪子等，并明确告诉宝宝玩弄这些东西会带来的严重后果。

其次，要让宝宝养成良好的行为习惯，不要猛冲猛跑，不要把尖锐物品装入衣服口袋，不把异物放入口鼻和耳朵中，不登梯爬高或在高处推搡打闹，不可以边玩耍跑跳边吃东西等。

3. 不同行为不同处理方法

对于宝宝一些危险的行为，爸爸妈妈要毫不犹豫地给予严厉的管教，因为它对孩子的影响最大，严重时甚至会危及孩子的生命安全。

① 针对宝宝行为做出反应

当孩子做出危及自己或他人的行为时，要用严厉的、毫无商讨余地的语言做出批评，甚至进行适当的责骂，必要时不妨稍作惩罚，以让孩子警惕、强化记忆。

② 严格划定行为的区域和界限

喜欢攀爬是 10 ~ 24 个月宝宝的正常反应，让这个阶段的孩子适当的爬行，也有助于生长发育；而好奇也是孩子的天性，动手尝试是他们感知世界、学习知识的手段。所以，爸爸妈妈不能只是简单地禁止宝宝的行为，而要为宝宝的正当行为创造条件，但要严格划定行为的区域和界限。

比如，不妨布置一个适于孩子攀爬的环境（如儿童房的地板加安全垫），让孩子在其中能尽情地爬滚；给孩子买安全剪刀剪纸、用餐厅玩具模拟切菜做饭等。一旦宝宝超出这个范围和界限，就要严厉警告。这样，到了幼儿园，孩子也能比较好地遵守老师要求的活动规则和安全范围，避免危险的发生了。

③ 帮助宝宝建立危机意识

在宝宝做出会导致危险的行为时，除了要立即远离危险外，爸爸妈妈还要让宝宝从经验中吸取教训，并建立危机意识。比如，当宝宝要去碰触桌上滚热的水时，做父母的不要只是为避免孩子烫伤把开水移开这么简单，这样的动作实际上并不能让宝宝知道开水有多危险，不能真正建立起危机意识。

此时，爸爸妈妈不妨握着宝宝的手让他去碰触一下杯子（当然是以不要烫伤宝宝为原则的），通过真实的感受让他认识到开水有多烫，帮助他建立经验法则。这样的话，宝宝就可以逐渐建立起安全意识和正确的行为习惯。

四十七　提前熟悉幼儿园和老师

如果有条件，让宝宝提前熟悉和喜欢幼儿园，也能认识自己的老师，会令宝宝更加容易适应幼儿园的生活。

宝宝要尽快适应幼儿园的生活，能否获得安全感是一个很重要的因素。所以，如果能在入园前就熟悉和喜欢那个环境，与自己的老师建立良好的关系，肯定会对宝宝有很大的帮助。

我们已经讲过，从选择幼儿园起就应该让宝宝参与其中、听取宝宝的意见，让宝宝意识到上幼儿园是他自己的事情，是一件很骄傲、很有成就感的事情——我长大了。而在前往幼儿园报名、面试、报到时，家长要继续向宝宝灌输“这就是你的幼儿园了”“以后宝宝要每天在这和老师、小朋友一起做游戏、学本领了”之类的概念，让宝宝增强对幼儿园直接的、感性的认识，在心理上接受幼儿园。

家长还可以利用幼儿园的对外开放日，带着宝宝去幼儿园参观教室、游戏室，滑滑梯、荡秋千，到操场跑跑，最好能提前问问老师宝宝以后的班级将会在哪儿，去看看有什么有趣的、好玩的东西等，都会让宝宝在入园时对幼儿园有种似曾相识的感觉，以便让他更加容易喜欢上幼儿园的生活。

另外，大多数幼儿园会在宝宝入园前的假期安排教师进行家访，目的是和家长面对面沟通，更多地了解孩子在家的情况和特点，也让孩子能提前认识自己的老师，减少师生之间的陌生感。这也是家长们要利用好的机会。

当老师要来家访时，家长要用欣喜、愉快的心情，把它当作一件很重要的事情，很郑重地告诉宝宝：“幼儿园的老师明天要来看宝宝了！”

然后，让宝宝一起做一些打扫卫生、整理房间的工作，商量一下给老师准备什么饮料、水果，这既是对老师应有的尊重，也让宝宝感到全家对这件事的重视，宝宝就会对老师的来访充满期待。当然，家长还要告诉宝宝来访的老师姓什么，鼓励宝宝见到老师主动打招呼、问好，做个合格的小主人。

老师登门拜访时，家长要注意给宝宝做主角的机会：提醒宝宝问候“老师好”，请老师入座，请老师喝水，然后让宝宝和家长一起回答老师提出的问题，宝宝能够自己回答的，家长尽量不插嘴。家长还要主动向老师介绍宝宝的个性、健康状况、爱好、生活习惯、各方面能力等发展状况，以及需要老师特别关注的事情，便于老师全面了解孩子的情况。

家访之后到正式入园之前，家长还可以不时地重新提起这件事，问问宝宝“还记得你的老师姓什么吗”，回忆一下老师问的问题和宝宝的表现，如“你那天唱的歌真好听！老师都夸你棒了”等，让宝宝延续和加强对老师的印象。这样，在宝宝入园时会比较容易和老师熟悉起来，尽快适应幼儿园。

四十八　来一次入园演习

大学毕业前都有个实习期，那么宝宝上幼儿园也不妨“实习”一下，或是玩玩上幼儿园的游戏。

现在，一些幼儿园已经开始为宝宝入园开通了“实习期”——让宝宝以半日入园的方式，并可以由爸爸妈妈陪同开始幼儿园生活。经过两周左右的适应期，宝宝就要离开爸爸妈妈的陪伴，过渡到全天在园。这对减少宝宝因为生活习惯、环境变化带来的紧张、不安，尽快熟悉和适应幼儿园，都有很大的益处。

但是，更多的幼儿园可能因为人员、条件的限制，还做不到让宝宝“实习”。即使是这样也没有关系，爸爸妈妈们可以通过一些角色游戏，来帮助宝宝进行入园演习。

比如，妈妈来做老师，让爸爸或其他家人“送”宝宝上幼儿园，演习入园问候、洗手、吃饭、喝水、游戏、午睡等每个环节，让宝宝通过游戏熟悉什么时候做什么、应该怎么应对各种问题、应该怎么和老师交流。当然，妈妈要暂时放弃妈妈的身份，不要一看宝宝做事不熟练就动手代替，也不要因为觉得宝宝能力差而起急上火，尽量扮演一个“合格的老师”。

反过来，也可以由妈妈扮作宝宝、宝宝来当老师，让宝宝想想，如果他是老师，会怎么帮助小朋友解决问题。一方面，让宝宝知道遇到困难找老师，老师一定会给他帮助；另一方面，也可以让宝宝感受到我能像老师一样帮助“小朋友”，“我很棒”“我能行”，增强宝宝对即将开始的新生活的自信心。

第四章 帮宝宝尽快适应幼儿园

宝宝进入幼儿园，接触的人、环境都与原来截然不同，做再多的准备，也会面临很多意想不到的问题。宝宝需要一段时间来熟悉和适应，爸爸妈妈也一样需要适应这种变化，共同努力接受这个转变。

四十九　对宝宝入园不适应要有足够的心理准备

时间过得真快，宝宝们就要开学去幼儿园了。做父母的都难免会有些紧张，就怕宝宝不适应。

宝宝从出生起，就生活在父母、家人中间，享受着他们无微不至的关怀和疼爱。和爸爸妈妈在一起时，宝宝的感情需要得到了满足，最有自信和安全感。当离开爸爸妈妈到幼儿园时，宝宝会由于情感依恋对象不在自己身边而产生分离焦虑，即丧失安全感，感到孤立无助，因而出现忧伤、紧张、不安和哭闹等情绪和表现。从幼儿心理的角度来说，这是非常正常的反应，并且宝宝对爸爸妈妈和家人的依恋程度越高，分离时产生的焦虑就会越严重。

因此，在从家庭到幼儿园，步入一个新的集体生活环境中时，每个宝宝或多或少都会有分离焦虑，都需要一个适应过程。适应能力较强的幼儿可能不会哭闹、反抗，表面上看起来风平浪静，但宝宝的内心也有个情感转移的问题，爸爸妈妈要注意调动他的积极情绪，克服消极情绪，就可以实现平稳过渡了。

适应能力较弱的幼儿对环境变化带来的反应就会强烈些，这个过渡期就艰难些，延续时间长些。宝宝可能会产生紧张不安甚至烦躁恐惧等情绪，最常见的表现就是哭闹、激烈反抗，述说身体不舒服、生病了，说幼儿园不好、有小朋友欺负他，甚至回家后不吃饭、不睡觉，情绪易激动、不稳定等。如果是这样的宝宝，一般要经历“哭闹—抗拒—持续哭闹（甚至会因此带来情绪、身体上的不良影响）—适应”的过程，才能慢慢适应幼儿园的生活。

与此同时，很多爸爸妈妈也一样存在着不适应，最典型的表现也是焦虑。孩子哭了没有？肯不肯吃饭？有没有受欺负……心里满满的都是问题。不要看宝宝年龄小，好像什么都不懂，但事实上宝宝是最敏感的，爸爸妈妈难舍难离的焦虑表情、担忧的目光，都会被宝宝通过微妙的亲子互动感觉到：上幼儿园是非同小可的，是令人担忧的，甚至是可怕的。

一旦到了幼儿园这个陌生环境中，宝宝就会因为从父母那里得到的这些信息而表现出更多的紧张、担忧、焦虑，爸爸妈妈和宝宝的分离焦虑和对陌生环境的不适应互相强化，导致恶性循环。

所以，爸爸妈妈既然了解了哭闹、抵触等情况是分离焦虑的正常表现，就要先让自己放松情绪、摆正心态，正视宝宝入园这件事。要知道，爸爸妈妈对孩子的情绪和适应的影响力是很大的，更需要做足心理准备。

五十　了解宝宝的入园适应类型

大家身边都有这样的孩子，只要一说要上幼儿园，就立刻开始哭，而且哭个不停，怎么哄怎么说都没有用；有的孩子就轻松很多，可能也会哭闹几天，也会在早上出家门时磨磨叽叽，但到了幼儿园就什么事都没有了。

刚刚开始上幼儿园，宝宝的不适应是难免的。爸爸妈妈除了要有足够的心理准备外，还要了解自己的孩子，看看宝宝属于何种适应类型，做好应对之策。

1. 适应性较强的宝宝

这类宝宝往往会很快融入幼儿园生活中，表现得也很平静，会让爸爸妈妈感觉比较省心。但这样的宝宝，也容易把情绪压在心里而不被爸爸妈妈发现；有时还会因为适应性强，容易受到不良因素的影响，很快学会其他小朋友的一些坏习惯。

对策：

对这类宝宝，爸爸妈妈不要光顾着高兴，还要仔细观察宝宝的情绪状态。如果宝宝在幼儿园真的很快乐，能吃能喝能睡，确实没有压抑自己，那才算是真正适应了幼儿园生活；如果发现宝宝有情绪上的变化，可以引导宝宝说出来，或向老师了解情况，及时排解宝宝的不良情绪。如果发现宝宝沾染了坏习惯，则要及时加以纠正。

2. 坚持度高的宝宝

这类宝宝有自己的优点，面对困难时，往往会很执着，不轻言放弃，但在入园时，也往往会哭很久，不那么容易对付。

对策：

对这类宝宝，不能一味地压制他的想法，但也不能因为他的坚持而放弃原则迁就他，而要给他讲道理或想办法转移他的注意力。此外，坚持度高的宝宝有时比较害羞，如果第一天就把他丢在一个陌生的环境中，会增加他的抗拒心理，最好能有一个逐渐适应的过程。比如，提早带他去看看幼儿园、熟悉环境；刚开始时只送半天，循序渐进，这样他的适应过程才会比较顺畅。

3. 活动量大的宝宝

这类宝宝总是精力充沛，喜欢跑来跑去，一刻都不闲着。到了幼儿园参加集体活动时，在有限制的环境下，常常容易出问题，甚至进入幼儿园后很可能会出现打人的情况。

对策：

这类宝宝需要很清楚地知道规则，而且这些规则要具体、及时，要在每天进幼儿园前，针对他容易出现的状况进行特别提醒，什么事情可以做，什么事情不能做。比如，不可以打人，但是可以和同学一起玩；老师在讲话时要专心听，但是玩玩具时间可以选择自己喜欢的东西玩等。一旦熟知和学会了幼儿园的规则后，宝宝出现问题的情况就会慢慢减少。

4. 规律性低的宝宝

这类宝宝日常作息比较没有规律，每天吃饭、睡觉、如厕都没有准确的时间，喜欢想干什么就干什么。当幼儿园要求大家一起做什么事情的时候，他就没有办法配合了。比如，到了吃饭的时候，他说不饿，要玩玩具；午休时间，他就是不想睡觉，却想起来吃东西。

对策：

给他适应的时间，但要求他在行为上配合。比如，不强求他午睡，他可以躺着，但不能发出声音，不能打扰到别人；吃饭时间如果不想吃，就少吃一点儿好了，但还是要跟着大家的作息流程走。内在的生物钟是可以慢慢调整的，一段时间后，宝宝就可以适应幼儿园的规范了。

五十一　早上送宝宝入园的方式和注意要点

当宝宝还不太适应幼儿园的时候，每天早上送宝宝，就成了一项十分艰巨的任务。面对哭闹、拖拉、撒娇、耍赖……如果把任务交给爷爷奶奶，交给心软的人，就很难保证宝宝顺利入园。

宝宝上幼儿园的初期，出现哭闹、耍赖，甚至抵抗的情况很正常。要想顺利地送宝宝入园，也让宝宝尽快地适应，家长就需要掌握一些技巧。

1. 宝宝最亲近、最依赖的人，最好不要承担送宝宝入园的任务

离开家的时候，在有其他家人的陪伴下，宝宝会相对容易接受分离的现状；一旦到了幼儿园门前，在最后离别的时候，让宝宝在进入陌生环境时离开最亲近的人，宝宝的分离焦虑会更加强烈、突出，哭闹的反应也更难控制。

2. 全家人都要用平和轻松的态度对待送宝宝入园这件事

全家人都要用最平和、最轻松的态度对待送宝宝去幼儿园这件事，就像早上要洗漱、要吃早饭、爸爸妈妈和家人要去上班一样，不要对他表现出和平日不同的、特殊的温柔、关照、嘘寒问暖。这样，比较容易帮助宝宝接受去幼儿园是他生活中要面对的一件很平常、很自然的事情，没有什么需要特殊看待、大惊小怪的，成人平和轻松的心态会带给宝宝一定的安全感和自信心。

3. 即使宝宝耍赖或哭闹，也要想办法让宝宝按时入园

即使宝宝用和爸爸妈妈耍赖、说不愿意，或是哭闹、不出门等方式抵抗去幼儿园，也一定要想办法坚持每天按时让宝宝入园。

如果宝宝只是从起床开始就嘟囔、磨叽，反复说“不去幼儿园”之类的话，爸爸妈妈大可以不去接话茬儿，只要按部就班地督促他穿衣、起床、洗漱，按时带他出门。

如果宝宝从在家就开始哭闹，爸爸妈妈可以给予适当的安抚，比如轻声细语地告诉他去幼儿园的好处、搂抱他一会儿以示宽慰等，切不可训斥、责骂孩子，以免加重他的不安全感，但也一定不要表现出烦躁、紧张、心神不宁或是表现出犹豫，甚至干脆不忍心送他去幼儿园。

既然已经知道宝宝的不适应是必然的，也是暂时的，爸爸妈妈就必须要有决心和坚持。否则，宝宝更容易形成“我不想去幼儿园就耍赖、就哭，爸爸妈妈就会不送我了”的心理定式，反而使入园和缩短适应过程变得更难。

4. 不要以欺骗的方式送宝宝入园

有的爸爸妈妈为了能让宝宝顺利地去幼儿园，会用顺着宝宝说“好好好，不去、不去，我们去公园玩”之类的话，哄骗宝宝一时忘记要去幼儿园的事情；或是在送到幼儿园后，先假装可以陪伴宝宝，然后趁宝宝不注意时偷偷溜走。这样做虽然能求得一时的安静，或是眼不见心不烦，却加重了宝宝在受到欺骗后的不安全感和对爸爸妈妈的不信任感，使入园适应过程反反复复，变得更加漫长。

一般来说，大部分孩子入园后哭几天就习惯了，而且常常只是在离开爸爸妈妈的那一会儿哭得最凶，等真的玩上玩具、做上游戏，注意力转移了，也就忘了哭。当然，也有哭闹严重、时间长的宝宝，也许会需要半个月、一个月，也许需要两三个月，甚至更长时间，才能顺利入园。所以，这个坚持的过程对宝宝是个考验，对爸爸妈妈更是个考验。

五十二　和宝宝约定一个固定的告别方式

上幼儿园既然是必须的，那么每次送宝宝上幼儿园的时候，亲亲他、拍拍他的肩膀，然后说拜拜，给宝宝一个清晰、明确的仪式，是让宝宝自信满满地走进教室的一个好办法。

在宝宝入园初期，也许最令父母头疼的还是早晨送宝宝到幼儿园分别的时候，宝宝哭闹的声音，依恋的眼神，伸出的小手……都让他们于心不忍，迈不开离去的双腿。但即使再艰难，孩子也必须适应这一过程，如果能设计一个固定的告别方式，这一过程一定能大大缩短。

固定的告别方式可以有很多种。几句温暖的话，一个亲切的动作、手势，或是动作、语言、表情、手势的结合，只要是富有亲情味的、让宝宝乐于接受的，或者亲人和宝宝分别时约定俗成的方式，都可以作为固定的告别方式。

比如，妈妈用温柔而坚定的语气对宝宝说："宝宝再见，妈妈上班去了，下班后就来接你回家。"此话让宝宝心里有底，知道等到妈妈下班就可以放学回家；握握宝宝的小手拉钩，对宝宝说："你是最棒的，咱们晚上不见不散"，这样既鼓励了宝宝，也增强了他的安全感；简单地亲宝宝一下，然后和宝宝说"拜拜"……

每天都重复的话语、动作，会形成一种安全模式，既能安抚宝宝的心，让宝宝体会到父母的爱，心里踏实；也能提示一种信息：宝宝别怕，我们爱你！现在是宝宝在幼儿园的时间了，幼儿园是你学习游戏的地方，晚上你会开开心心地回到爸爸妈妈身边的。

从心理学的角度上讲，固定的告别方式有助于形成宝宝的心理定式，帮助宝宝接受入园的事实，缩短分离焦虑时间。宝宝内心接受这种告别方式时，就不会在入园时哭闹、紧张，也不会一整天都忧心忡忡了。

五十三　接宝宝回家也有技巧

在宝宝不适应的时候，谁都不愿意做送宝宝去幼儿园的那个人，都觉得做接孩子那个人来得容易，大人、宝宝都高兴……说到接宝宝，其实也不那么简单。

宝宝在入园初期不愿意上幼儿园，其实很大的顾虑就是怕去了以后没有人接他回家了。所以，在和宝宝讲明去幼儿园的道理和条件后，在放学时准时去接宝宝，是打消顾虑、建立信任、形成积极心态很重要的环节。尤其是入园初期，宝宝放学时一定要有人准时来接他，甚至可以提早一点儿，让宝宝一出教室就能看到爸爸妈妈或其他家人熟悉的身影和笑脸。

这样，宝宝就会从每天的经验中体会到：爸爸妈妈是爱我的，每天都会准时来接我。宝宝就会逐渐了解到上幼儿园的分离只是暂时的，并形成应有的时间概念和新的生活规律，很快适应幼儿园。

如果万一不能准时来接孩子，一定要及时通知老师，请老师在放学时特别关照宝宝，告诉宝宝爸爸妈妈来晚的原因，并陪伴宝宝一起看书、做游戏，等待爸爸妈妈来接。爸爸妈妈见到宝宝后，也要认真地向宝宝解释来晚的原因，向他道歉并向老师表示感谢。这样，既可以消除宝宝的疑虑和不安，也可以更好地建立起宝宝对老师的信任。

另外，送宝宝时爸爸妈妈要注意自己的心态，接宝宝时也一样要注意这个问题。宝宝刚刚开始上幼儿园，爸爸妈妈也一样会心神不宁、担心紧张。有的妈妈一接到宝宝就马上搂到怀里又亲又抱，然后赶紧问宝宝一天过得怎么样，“吃饱了吗”“睡觉了吗”“有没有谁欺负你”等，一个问题接着一个问题。大人这种焦虑的心情，只会传递给宝宝一个信息——你在幼儿园这一天，我们也担心得不得了，也一百个不放心。这种焦虑和消极的态度对宝宝的情绪也会产生不利的影响。所以，即使妈妈再担心、不安，也要表现出很踏实、很轻松，像以前每天下班回家见到宝宝时一样。

还有，就是要在见到宝宝后，注意他的情绪和表情，并且主动向老师了解一下宝宝一天的情况。如果真的发现宝宝情绪不稳定，最好是和老师简单沟通后，约定在其他时间、用其他方式，不当着宝宝的面再了解详细的情况，找到问题的根源和解决的办法。妈妈也不妨在接到宝宝后，和他一起在幼儿园玩一会儿，让宝宝能更加熟悉幼儿园、喜欢幼儿园。

五十四　爸爸的角色也很重要

有些家长可能会发现，妈妈送宝宝时，他就会磨磨叽叽的，老大不情愿，还难免哭上一鼻子；可换作爸爸送的时候，就好得多，最多到幼儿园门口眼泪汪汪一下。

我们中国人的观念中有着“严父慈母”的传统。在对孩子的照管、教育中，尤其是对小宝宝，往往是妈妈花费更多的时间和精力、承担了大部分的工作，爸爸管的相对会少一些。

心理专家研究表明，经常和爸爸相处的孩子会显得比其他孩子更聪明、更独立、更勇敢，也更容易适应社会和环境的变化。究其原因，更多在于男女性别的差异。

一般来说，爸爸比妈妈更勇敢、更独立、更坚强，显得更有力、更强大；爸爸对于社会知识的涉及更广泛、更丰富，而且更多地关注人文、历史、地理、科技及军事、体育等方面；对于孩子的照管，爸爸更侧重于大原则、大方向，不太在意孩子会摔跤、会吃亏，所以较少限制孩子的某些在妈妈看来是“危险动作”的行为；当孩子提出无理要求或犯错误时，爸爸常常更能坚持原则，态度更坚决甚至强硬，不像妈妈经常会因为宝宝哭闹、撒娇而心软。

而现实生活中，大多数家庭里，在对宝宝的照管上，都是妈妈操心得更多、管得更具体。无论从心理上、情感上，还是对生活的需求上，宝宝自然就更依恋妈妈、离不开妈妈。

同时，也不要小瞧了宝宝。有研究称，宝宝从 4 ~ 6 个月就开始会为自己的某些目的骗人了，他们会根据自己的观察、试探，了解成人对待他们的态度，以满足自己的需要。所以，当宝宝不太情愿去幼儿园时，他们会利用以往得到的妈妈更心软、更容易被打动的经验，试图实现不去幼儿园的目的。

如果是爸爸送呢？在他们与爸爸相处过程中得到的经验里，爸爸是没有那么容易被眼泪征服的，爸爸会坚决地、果断地把自己交给老师就离开。在爸爸这里，去幼儿园是没有商量余地的事情。于是，就有了爸爸送的时候更容易“脱手”的情况。

其实，从亲子教育的角度说，即使不是为了更容易将宝宝送到幼儿园，爸爸也应该更多地参与到孩子的教育中，更加积极争取、主动承担带孩子的责任，创造更多与宝宝单独相处的机会，把爸爸代表的男性应具备的乐观、大度、勇敢、坚强的品质传递给宝宝，这将是宝宝建立健全人格的一个重要方面。所以，如果做了爸爸的你以前和宝宝相处时间比较少，那么就从送宝宝入园开始补上这一课吧。

五十五　让老师了解宝宝的情况

也许从决定了要上幼儿园开始，爸爸妈妈就一直在加紧训练宝宝，可还是有很多事情宝宝自己做不好。家长一着急，就难免会对宝宝发脾气，这会让宝宝一提到幼儿园就紧张。

宝宝的能力总是有限的，每个宝宝的能力发展也不可能完全一致。无论预先做了多少准备，从家庭到幼儿园，对每个宝宝来说，都是一种挑战。在幼儿园里，宝宝可能面临各种各样的问题。比如，有的宝宝不好好吃饭，有的宝宝不愿自己睡觉，有的宝宝自己穿不好衣服等。即使能力发展很好的宝宝，也可能会因为生活环境的变化出现情绪上的变化。比如，因为心里不安而变得敏感、容易哭闹，本来爱说爱动的宝宝变得少言寡语，总是喜欢像小尾巴一样黏人等。

所以，爸爸妈妈有种种不放心也在情理之中。而宝宝到了幼儿园，一天的生活就要靠老师来管理、照顾了。因此，让老师很好地了解宝宝的情况，更加有针对性地给宝宝以关照、指导，是解决上述问题最好的办法。

在宝宝入园之初，爸爸妈妈应该尽量客观、公正地对宝宝各方面的能力、表现做一个综合的评估，从宝宝的性格、体格、能力、最近的情绪等几个主要方面，写一个简洁的介绍提供给老师，并列出宝宝在家最喜欢读什么书、看什么电视节目、玩什么玩具、吃什么东西，以及爸爸妈妈认为宝宝入园可能面临的最大的问题是什么。

这样，有助于老师在还不是很熟悉宝宝的情况下，更加容易地和宝宝找到共同话题、和宝宝建立沟通的桥梁，也能更有侧重地观察宝宝在幼儿园的表现，发现问题并给予帮助。

这个爸爸妈妈提供给老师的小资料（我们可以把它称为“宝宝123”），一般应该包括以下内容。

1. 宝宝的性格

对于宝宝性格的介绍，主要介绍宝宝是偏向安静、内向，还是爱动、外向，是否乐于与人谈话、交流等。对于内向、不爱说话的宝宝，老师应该多主动和他沟通，引导宝宝说出在幼儿园的感受、遇到的困难；而外向、爱说爱动的宝宝，一般会比较主动地和老师建立沟通，老师更多的是要观察他的行为表现，发现问题并及时提供帮助。

2. 宝宝的健康

爸爸妈妈需要告诉老师宝宝的身体一向如何。如果宝宝体质弱，那么在什么情况下容易生病，有无特别病情需要老师特别照顾等。尤其是宝宝一旦有特别的病情，如轻度的癫痫等，爸爸妈妈不要因为担心老师对宝宝产生想法而有所隐瞒，而应该主动把病情如实地告诉老师。受过专业训练的幼儿老师在了解情况后，一般都会对宝宝在平时多加观察，给予特别的照顾，并在出现病情时给予帮助。

3. 宝宝的能力

爸爸妈妈需要告诉老师宝宝的自理能力如何，好还是不好，哪些方面还不行等。如果宝宝需要特别照顾，则应向老师明确讲明，如宝宝睡觉前一定要喝奶、午睡中间一定要老师叫醒去小便等。虽然，喝奶睡觉并不是一个好习惯，对宝宝的牙齿也很不好，但在入园初期最好不要急于立即纠正，以免加重宝宝的不安全感。不用担心这样琐碎的事情会让老师厌烦，一来这是每个老师应尽的职责；二来对于他们来讲，事先的防范和准备总比手忙脚乱、事后处理要好得多。

4. 宝宝的爱好

爸爸妈妈需要告诉老师宝宝平日在家里喜欢玩什么玩具和游戏，每天是否都有户外活动，平时会不会自己一个人玩、会不会和小朋友一起玩等。在和老师还不熟悉的时候，老师提到宝宝喜欢的书、电视节目，讨论里面的人物、情节，会很容易引起宝宝的共鸣，对老师产生亲切感。

5. 宝宝有无过敏问题

如果宝宝有对花粉、某种食物、药物过敏的问题，以及有比较严重的偏食、挑食问题等，爸爸妈妈一定要预先和老师说明。这样，在花粉多的季节，可以减少宝宝的户外活动时间；对吃鱼过敏的宝宝，会给予特殊的用餐照顾等，就可以减少很多问题和麻烦。

6. 宝宝最近的情绪

虽然宝宝不完全会表达，但临近幼儿园开学，还是会有些敏感型的宝宝出现心里不安、情绪波动的现象，变得多疑、黏人、易哭闹发脾气等。如果宝宝有这样的情绪问题，爸爸妈妈也要提前告知老师，让老师注意观察宝宝的行为、情绪，对宝宝给予特殊的关照。

而且，现在幼儿园大多都有家园联系册，很多老师还会把办公电话、手机留给家长，还会建立班级微信群。这样，除了“宝宝 123”外，爸爸妈妈还可以随时把新的情况、问题，通过这些渠道告诉老师。

五十六　度过愉快的第一天

万事开头难！真正要开始上幼儿园了，第一天要争取开个好头。

宝宝对于新的环境总是充满了新奇，同时也充满了陌生甚至恐惧。到一个陌生的地方、和许多陌生人在一起的第一天，胆怯、焦虑、害怕是在所难免的。第一天是非常重要的，从送到接，家长都需要了解些技巧。

先说送。家长可以预先和老师进行沟通，了解幼儿园对于宝宝入园的规定。在幼儿园允许的前提下，第一天送宝宝，以及之后的 1 周到 2 周内，家长都可以多陪宝宝一会儿，带着他看看教室、活动室，看看睡眠室，摸摸自己的小床，到操场玩会儿滑梯、荡荡秋千。

这样，一方面让宝宝在家长的陪伴下熟悉新环境，另一方面也可以把宝宝的注意力转移到幼儿园有趣的、新奇的东西上，减轻宝宝和家长分离的不安。

还有，可以给宝宝带上一样他最喜欢的玩具或是一本图画书，这可以给宝宝一种亲切感，在焦虑、不安的时候，看到自己熟悉和喜欢的东西，可以减少些陌生感，缓和不良情绪。

另外，还可以在入园的第一天给宝宝穿一身新衣服，告诉宝宝，这是为了祝贺他上幼儿园，让他成为小朋友中最漂亮、最可爱的宝宝。当然，无论新旧，宝宝去幼儿园穿的衣服一定要宽松、结实、合适、耐脏，方便宝宝在幼儿园自己穿脱，适合宝宝活动、游戏。

家长要记住，一定不要对宝宝说“小心不要把衣服弄脏了”这样的话，而是要告诉他在幼儿园开心地、自由自在地玩吧，衣服脏了可以回来换洗。

再说接。入园第一天，一定要按时接宝宝，让宝宝一放学就能看到家长。即使家长对于宝宝上幼儿园也是一百个不放心，但面对宝宝时一定要保持和平日里一样的、自然的情绪和状态。

家长接到宝宝的第一句话，一定不要是“今天怎么样”“幼儿园好不好”“你吃饱了吗”之类的问句，而应该是“今天宝宝上幼儿园了，真棒！”“有这么多小朋友一起玩，宝宝今天一定过得特别开心！”这类肯定、鼓励、积极的话。

家长平和、积极的心态，会帮助宝宝打消不安、焦虑的情绪，增强一天中积极的、开心的记忆，让宝宝喜欢上幼儿园。

而对于宝宝在幼儿园第一天的情况，家长完全可以在中午休息或其他老师方便的时候通过电话，或是接宝宝时通过与当班老师简短的交流（最好不要当着宝宝的面）来了解。回到家中，可以问问宝宝一天在幼儿园都做了些什么，有什么开心的、好玩的、有趣的事情，有没有记住自己的老师、有没有结交好朋友等。

宝宝讲的时候，家长要耐心地、饶有兴趣地听，鼓励和启发宝宝描述和表达在幼儿园的情形。如果宝宝讲述得不清楚、不详细，家长可以用提问的方式，启发宝宝讲得详细些，并尽量使用完整的句子。这样既可以增加宝宝对幼儿园生活的兴趣，也是锻炼和发展孩子的语言能力的好机会，对于宝宝在幼儿园与老师和小朋友交流都很有好处。

五十七 了解宝宝在幼儿园的一日活动安排

宝宝上幼儿园好几天了，适应得也不错，可是，要问宝宝在幼儿园一天都干什么了，就说不清楚了。同一个问题，一会儿说是，一会儿说不是，也不知道这一天到底都干了些什么。

幼儿园的教育教学安排都是有大纲可遵循、按计划来执行的。现在，很多幼儿园都会把每周的教育教学重点、孩子的游戏活动内容等张贴在教室门口，或是幼儿园统一的公告栏里，供家长们阅读了解。即使幼儿园没有公布，家长如果想要知道，也可以向宝宝所在班的老师询问、索要。这对爸爸妈妈了解宝宝在幼儿园的情况，的确有很大帮助。

爸爸妈妈都急于知道宝宝上幼儿园的感受，这是人之常情。但刚刚入幼儿园的宝宝，语言表达能力还很有限，对新的环境也还不够熟悉，要让他描述一天的幼儿园生活，的确有些困难，能说出些情节和片段就已经很不错了。所以，在了解了幼儿园一天活动安排以后，爸爸妈妈可以选择认为宝宝感兴趣的某个、某些环节，问问宝宝在幼儿园都做了什么、和谁一起玩等。

不过，爸爸妈妈在问宝宝问题时，也要注意一些细节。这些细节主要表现在以下几个方面：

一是不要什么都问。比如，一会儿问午饭、晚饭吃了什么，一会儿问今天做操了没有，一会儿又想起问有没有和小朋友打架等。

二是不要反复地问同一个问题。很多爸爸妈妈最关心宝宝吃饭的问题，会为这一件事提出很多问题。比如，吃的什么饭呀，有没有让老师再添饭、添了几次，饭后有没有喝汤，真的吃饱了吗……

幼儿园对宝宝来说是新环境，他也还在好奇、探寻中，在幼儿园一整天精神都是兴奋的、紧张的，根本不可能记清所有的事情、所有的环节。爸爸妈妈“狂轰滥炸”的问题，会让宝宝回到家也无法放松心情、调整情绪，会加重宝宝的紧张、不安。

所以，最好的办法是通过幼儿园的公告或者和老师的沟通，了解这个阶段（比如一周）每天的主要活动安排、老师要教的儿歌、宝宝要学的体操等，每天早上向宝宝预告一个他会比较喜欢的内容，让宝宝有重点地记忆关于这项内容的情节，约定好回家要向爸爸妈妈汇报。

比如，按照教学计划今天的手工课要粘贴宝宝最喜欢的小金鱼，早上去幼儿园的路上，妈妈可以告诉他：“今天老师好像要教你们粘贴一幅小金鱼的图画呢。宝宝，好好记着老师都是怎么教的，你是怎么粘的、粘了几条小金鱼。晚上回来可要告诉妈妈你的小金鱼漂亮不漂亮！”

这样，宝宝有了一个关注的重心，会有意识地记住这件事情，也就可以比较容易告诉爸爸妈妈在幼儿园关于这个环节的情景了。

起初，有些宝宝可能会忘记和妈妈的约定，有些宝宝可能还是说不清楚，但慢慢地宝宝就会有了这个意识，语言表达能力也会逐渐增强，再向爸爸妈妈讲起幼儿园的事情，就会自如很多了。

五十八　让宝宝尽快喜欢幼儿园和老师

有的宝宝虽然不怎么反对去幼儿园，但就是每天的情绪都不高。当问到喜不喜欢幼儿园和老师的时候，也是不置可否。

对宝宝来说，上幼儿园意味着他们第一次要离开家、离开爸爸妈妈到一个陌生的环境，确实需要一个适应的过程。于是，有的宝宝大哭大闹，有的宝宝不吃饭不喝水，也有的宝宝虽然不用激烈的方式来反抗，却明显地出现情绪低落，或是眼泪汪汪，或是一言不发，看了让爸爸妈妈好不心疼。

宝宝对幼儿园的不适应，从根本上说，来自于对环境的陌生感和对老师的畏惧感。所以，要想让宝宝尽快适应幼儿园生活，喜欢幼儿园、喜欢自己的老师是先决条件和基础。那么，怎么才能让宝宝尽快喜欢上幼儿园和老师呢？除了从心理、行为能力等方面对宝宝进行培养，提前了解幼儿园和老师等，在宝宝入园之初，爸爸妈妈还要注意以下几点。

1. 在幼儿园为宝宝找到一个“最爱”

尽管爸爸妈妈带宝宝参观了幼儿园，也看到幼儿园有那么多游乐项目、玩具，但让宝宝独自面对时，却常常无法战胜宝宝的不安。爸爸妈妈可以在允许陪同的日子里，或每天接宝宝之后在幼儿园游戏一会儿，去发现一两件宝宝最喜欢的游戏、玩具，但要有限制地让宝宝玩，让宝宝总是心里惦记着。这样，这个“最爱”就可能成为宝宝去幼儿园最大的吸引力，从而使得去幼儿园这件事变得容易很多。

2. 带一件宝宝最喜欢的东西去幼儿园

在征得老师同意后，爸爸妈妈可以让宝宝带一件最熟悉、最喜欢的东西到幼儿园。这件东西可以是玩具、毛巾等。这样，在陌生的环境中看到和使用自己熟悉的东西，会增加亲切感、消除陌生感，让宝宝觉得更加安心，情绪也更容易趋向稳定。

3. 形成和幼儿园一致的作息时间

宝宝白天上幼儿园，晚上回到家见到爸爸妈妈和家人，难免会很兴奋，或是把一天的委屈用自己的方式表达出来。而爸爸妈妈会因为不放心而追着宝宝问这问那，或是因为怕宝宝在幼儿园没有吃好喝好，给这个、喂那个，或是带着安抚和弥补的心态，放任宝宝玩耍、看电视等。于是，有些宝宝每天很晚才入睡；到了周末，爸爸妈妈要带宝宝去奶奶家或姥姥家，要去公园玩，把作息时间完全打乱……这样，到了要送宝宝去幼儿园的早上，宝宝必然会因为没有睡够而不愿意起床。这时，要想顺利把宝宝叫起来，送去幼儿园就更难了。

五十九　帮宝宝尽快结识新伙伴、新朋友

人是社会动物，小孩子也是如此。有熟悉的小伙伴一起上幼儿园，一起学习、运动、做游戏，会使宝宝在幼儿园的一天快乐而美好。

与人交往的能力，对于人的一生来说，是非常重要的。善于交往的人，很容易在人群中找到与自己志同道合、脾气相投的人，并能与之成为很好的朋友、伙伴或是工作中的搭档；而不善于交往的人，往往会比较封闭、孤独、朋友少，遇事常常一个人闷在心里，生活中缺少友情和乐趣。所以，开始上幼儿园的时候，正是宝宝步入社会、扩大交往范围的开端。从这时起，就注重宝宝与人交往能力的培养，是非常必要和重要的。

现在，大多数家庭的结构简单、成员较少，宝宝很难像以前生活在大家庭中那样，从小就获得与长辈、同辈或是其他朋友交往的机会。所以，爸爸妈妈应该从宝宝小时候就有意识地带他走出家庭的小天地，让宝宝多得到与同龄小伙伴交往的机会，以及与不同年龄、不同性格的人接触的机会。

在与小伙伴一起玩耍时，爸爸妈妈还要启发宝宝把玩具、零食、糖果等东西和小朋友分享，在游戏中与小朋友共同商量玩什么游戏、怎么玩，让宝宝体会到与小伙伴交往、共享带来的快乐，了解与人交往中应该遵守规则、尊重同伴，学会与人友好相处。

这些都会大大减轻宝宝怕生、适应环境困难的问题，也能帮助宝宝比较容易找到玩伴、找到乐趣，上幼儿园时自然也就会很快和班里的小朋友熟悉起来。

如果宝宝在上幼儿园前就存在交往能力比较差的问题，到了幼儿园的陌生环境后感到更加不安和孤独，这也是一种正常的反应。这时，爸

爸妈妈可以与同班小朋友的爸爸妈妈及老师多交流，在班里帮宝宝找一个性格比较随和、开朗，最好住得也比较近的孩子做搭档，上下学可以约好时间同行一段路，放学后可以由爸爸妈妈陪着一起在幼儿园玩一会儿，晚上或节假日还可以约好到公园或是家里一起玩玩。

而在幼儿园有了好朋友，和小朋友共同游戏、共同生活建立了友谊以后，宝宝就会体会到上幼儿园远比只和爷爷奶奶、保姆在家更快乐、更有乐趣，自然就会渴望和乐意上幼儿园了。甚至赶上个长假刚刚在家休息两三天，宝宝就开始念叨“什么时候才能上幼儿园”了。

六十　打招呼是交朋友的第一步

有的宝宝其实很喜欢和别的小朋友一起玩，可心里虽然想，真的见到人了却要躲。对于这样的宝宝来说，主动去和小朋友们打个招呼是很困难的。

有些宝宝在家庭教育的环境中，接触的人群单纯，家人又都比较迁就宝宝，致使宝宝在与外人尤其是与同龄孩子交往中，不会和别人打招呼，不会和别人交流，甚至遇到生人就躲，对别人的问候也不知道回应。一个不爱搭理人的孩子，常会给别人留下不好的印象。即使是同样还不大懂人情世故的小伙伴，也会感觉这样的同伴不友善、不易接近，因而不愿与他（她）一起玩。因此，教育孩子礼貌待人，学会见面主动问候别人并热情回应别人的问候，能帮助宝宝较快地结交朋友。

当然，这不是一朝一夕就可以改变的。首先，爸爸妈妈平日就应该注意自己的行为示范作用。比如，每天早上去上班和家人告别时，说“我去上班了”“宝宝在家乖”；每天下班到家，都问候一句“我回来了”“有什么要我做的”等。宝宝在爸爸妈妈和其他家人的感染和带动下，就会逐渐养成问候人的习惯。

爸爸妈妈还可以让宝宝定期给不在一起住的爷爷奶奶、姥姥姥爷打问候电话，在外出玩耍时见到邻居、同伴主动打招呼、问好，还可以给宝宝创造一些到邻居家借东西或送东西的机会，让宝宝经常接触一些人，感受到与人交往的愉快。久而久之，宝宝就不再惧怕与人交往、交流了。

六十一　学会记住老师和小朋友的名字

爸爸妈妈还可能会遇到一个问题，已经上幼儿园好多天了，但宝宝还是记不住老师姓什么，小朋友们叫什么。

1．记不住小朋友名字很正常

刚入园的宝宝年龄还小，以具体形象思维的发展为主。所以，他们会比较容易记住具体的事物，比如同伴的外貌、幼儿园的滑梯，而不容易记住那些抽象的东西，比如老师姓什么、同伴叫什么，这相对于宝宝的年龄来说是很正常的。

2．记住别人的姓名利于交往

虽然小朋友间见面熟悉了，一起玩耍了，知不知道同伴的名字似乎没有什么大影响，老师也不会去和宝宝计较，但从小养成能记住别人姓名的习惯，对于宝宝与人交往还是很重要的。

人都是这样，听到有人叫自己的名字，就会精神为之一振，当然也就会更加留心对方说的话、做的事情。而记住别人的名字，也意味着尊重别人、在意别人，给人一种亲切、熟悉的感觉，从人际交往的角度来说，就占据了一定的优势。所以，宝宝能够很快称呼出老师的姓氏，能很快叫出小朋友的名字，就会很容易拉近和别人的距离，与老师和小朋友更快地熟悉起来，也就会比较容易适应新的环境和生活。

3．记住别人的名字有方法

要记住别人的名字，同样需要爸爸妈妈给宝宝做榜样。家里来了客人，爸爸妈妈要主动提醒宝宝和客人打招呼，然后给宝宝和客人做介绍：

“宝宝，这是张军叔叔。”“张军，这是我的女儿宝宝。”如果客人也能跟主人家的孩子打招呼：“你好，宝宝，很高兴认识你。”那就再好不过了。即使是宝宝的小伙伴来家里做客，爸爸妈妈也要给予充分的尊重，主动和小朋友打招呼：“是贝贝呀，欢迎你来我们家。”既给宝宝做出礼貌的榜样，也是有意识地引导宝宝记住别人的名字。

进入幼儿园后，爸爸妈妈首先要设法记住宝宝同班小朋友的名字。一般来说，幼儿园的储物柜、放水杯毛巾的地方和孩子们作业展示栏里，都会标注同班每个小朋友的名字，有些还会相应地贴上一张小朋友的照片。这些都可以帮助爸爸妈妈和宝宝一起记住同班小朋友的名字，甚至爸爸妈妈可以带着宝宝一起对照着那些照片，看看能说出哪个小朋友的名字。

在接送宝宝的路上碰到同班小朋友，要提醒宝宝们相互称呼名字。如果还不记得，就让宝宝主动去询问：“我是宝宝。能告诉我你叫什么名字吗？”如果宝宝和爸爸妈妈说起幼儿园的事情，爸爸妈妈也要提醒孩子说出是哪个老师、哪个小朋友，比如，“今天王老师表扬我了”“今天我和淘淘在一起玩了”。在宝宝一下子记不住或没有说出来时，爸爸妈妈可以有意识地提醒：“是张老师表扬你了吗，还是王老师？”“你是和淘淘一起玩了，还是和小强一起玩了？”

相信在爸爸妈妈的帮助、引导下，宝宝很快就能记住老师和同班小朋友的名字了。

六十二　不要拿宝宝与别的小朋友攀比

每个做父母的都希望自己的宝宝能优秀一点，再优秀一点。因此，他们喜欢把自家的宝宝和别人比较，总希望自己的孩子是最优秀的。

拿自家宝宝跟别人比，已是公认的应该禁止的教育方法。不过，父母的做法也可以理解，当今的社会竞争越来越激烈，孩子不可能永远是孩子，他最终还是要和别人竞争的。然而，父母要知道，适当的比较会增强孩子的危机意识、上进心，但如果是盲目的攀比，忽略了孩子的真实水平和能力，要求孩子达到不可能达到的目标，或者忽视了孩子的心理感受，打击了孩子的自尊心，就得不偿失了。

父母盲目地拿自家宝宝与别的小朋友攀比，会对孩子造成很坏的影响。

有的父母习惯于拿自家宝宝的缺点跟别人的优点比，拿自家宝宝的弱项跟别人的强项比，这样比来比去，把宝宝比得一无是处，会导致宝宝觉得处处不如别人而胆小、自卑，羞于或不敢表现自己。

随着年龄增大，越来越懂事后，宝宝会感觉自己无论多么努力都赶不上别人，感觉自己无论怎么做都难以达到父母的要求。久而久之，就会自我否定，认为自己干什么事都干不好，觉得在别人面前抬不起头来，自信心也会受到严重的打击。

宝宝对父母经常拿自己与别的孩子比较是很反感的，也是最不能接受的，在心里往往会很不服气，从而导致对父母的消极抵抗、逆反，甚至破罐破摔或者故意做些明明知道不对、不该做的事情，激怒父母来实现自己的心理平衡。

所以，作为成人，父母应该明白，每个宝宝都是不同的，能力不同、性格不同、爱好不同、擅长的地方也不同……这并没有什么可比性。比如说，有的人内向、有的人外向，或活泼开朗或少言寡语，或胆大或胆小，这都无所谓好坏，孩子能快乐健康地成长，才是最重要的。

如果宝宝很调皮、坐不住，不要总是说“你看 ×× 多听话、多老实”，而要多培养他的耐心，从几分钟到十分钟、十五分钟……逐渐训练他集中精力，专注于某件事情；如果宝宝胆小，不要只是在他不敢表现的时候说“你怎么这么胆小，这么没用？你看人家……”，而应该利用各种机会多带他参加活动，先有父母陪着、尝试，再慢慢放手让宝宝自己去做，给宝宝创造更多的实践、社交机会。

如果是宝宝在能力方面与同龄孩子相比有欠缺，比如同样的一堂课、同样的一个游戏、同样是一个老师，别人家的宝宝很快就都学会了，自己家的宝宝却显得很吃力。那么，父母首先要正视和理解每个孩子的能力是有差别的，不要不问青红皂白就批评、指责孩子；然后，可以和老师沟通，一起找到宝宝在哪个方面能力有欠缺，通过回家以后进行相应的训练，通过老师更多的关注和帮助，陪着宝宝逐步提高，共同渡过难关。

六十三　随时向老师了解宝宝的情况

宝宝在幼儿园，尤其是遇到生病、心情不好的时候，爸爸妈妈总会担心，爷爷奶奶更是不踏实，总想给老师打电话问情况。

很多宝宝上幼儿园后，爸爸妈妈，尤其是祖辈的老人，会非常想了解宝宝在幼儿园的情况，恨不得能“即时直播”才好。他们除了想知道宝宝哭没哭，会不会和别的孩子一起玩，是不是听老师的话，中午会不会自己吃饭、能不能吃饱，睡没睡觉，还想知道宝宝在幼儿园到底学了什么，一天中每个时间段都在做什么，宝宝能不能跟着老师的安排上课。

其实，家长的心情是老师们司空见惯的，也是完全可以理解的。在宝宝入园初期，老师也同样希望把宝宝的情况报告给家长，得到家长的支持和配合。家长想了解宝宝在幼儿园的情况，可以有很多种方式，比如电话、家园联系册、家长园地、家长意见箱、网络等。具体来说，就是根据不同的问题采用不同的方式。

比如，宝宝今天早上不舒服，或是情绪有些波动、反常，妈妈可以在上午给老师打电话，及时了解宝宝的情况；如果不是这样紧急的情况，可以通过每天在老师和家长间交换的家园联系册，把想了解的情况写给老师，让老师及时给予答复。

班级的教学计划、本周的卫生保健重点、幼儿园对孩子和家长提的一些要求、班级里发生的一些特殊的事情，常常会张贴在“家长园地”，家长接送宝宝时仔细阅读一下，就可以了解很多；而一些合理化建议、特殊的要求，还可以写成字条放在幼儿园的家长意见箱中，老师和幼儿园负责相关事务的园长，会在看到后和家长联系。

现在，一些幼儿园还有自己的网站，发布幼儿园的各种通知、公告，每天拍些宝宝在园活动的照片在上面更新，并开设家长论坛、家长QQ群、微信群，安排网络管理员随时解答家长的问题。

如果想和老师当面交流，家长可以选择早一点去幼儿园或者下午等大部分的小朋友都接走了以后的时间，和老师预先约好，以便能有充分的时间和老师交谈，详细了解宝宝在园的各种表现。无论什么方法，只要是负责任的老师，都会在时间、条件允许的情况下，热情地接待家长，详细地和家长沟通。

而且，幼儿园也已经替家长想到了这一点。不同的幼儿园会安排不同的周期，设置开放日、观摩课、亲子活动、运动会等活动，让家长能身临其境地参与到宝宝在幼儿园的学习生活中。家长一定要尽量按时参加，并且热情地投身到幼儿园组织的各种活动中，享受和宝宝共同欢乐的时光，也可以同时通过活动仔细地观察宝宝的一言一行。

六十四　积极配合幼儿园和老师的要求

幼儿园常常会给家长发个通知，今天要求家长给宝宝带一本图书，明天要求和宝宝一起背会一首儿歌，还有教会宝宝叠手绢什么的。难道，从上幼儿园就开始“留作业”了吗?

宝宝入园后，家长常常会收到各种各样的通知，大多是幼儿园给家长布置的需要协助宝宝去做的或是干脆直接面向家长的“作业”。不要小看这些看似简单、琐碎的“作业”，其实都有着不简单的含义，都是为了让宝宝尽快适应和熟悉幼儿园生活，需要家长和幼儿园配合完成的工作。

让宝宝每天带一本图书或一件玩具，一方面，正像前文已经说过的，可以让宝宝感到亲切、熟悉，减轻离开家庭环境的不安；另一方面，可以通过和小朋友共读一本书、讲解自己书中的故事，或是交换图书、玩具，使宝宝尽快和小朋友熟悉起来，并逐渐学会相互沟通、共同游戏。

背会儿歌、学会叠手绢这样的活动，都是幼儿园教育教学安排的一部分。一方面，有的宝宝跟上全体小朋友的进度可能有困难，需要家长回家给予一些辅导，以便能够尽快赶上大家的步伐；另一方面，也让家长了解幼儿园每个阶段主要活动内容的安排，而像这些锻炼宝宝语言和行为能力的活动，即使在家庭环境中，家长也可以把它当作一项游戏来和宝宝做，是一举两得的好方法。

孩子的教育和成长，不是一朝一夕就可以做到的，也不是说把宝宝送去幼儿园家长就可以彻底放心了，家园配合、共同努力，才能让宝宝度过愉快的幼儿园时光，健康快乐地长大。所以，幼儿园这样的“作业”都需要家长在工作之余尽力配合完成。

第五章 在幼儿园遇到的问题和对策

宝宝在幼儿园度过的几年中，总会有各种各样的问题出现，老师、幼儿园会怎么处理？爸爸妈妈们又该怎么应对，怎么和老师沟通来解决问题呢？

六十五　宝宝早上赖床不起

在有的家庭，每天早上叫宝宝起床上幼儿园就是一场拉锯战，特别费劲。可到了周末，宝宝却起得比谁都早。这到底是为什么呢？

度过最初适应期后、已经习惯了幼儿园生活的宝宝，如果出现情绪反复、早上赖床的现象，爸爸妈妈首先要做的就是分析和寻找原因。

1. 没睡够

一般来说，在适应期时，爸爸妈妈因为怕宝宝不能按时起床去幼儿园，就会注意让宝宝晚上不要过于兴奋，按时就寝。而当宝宝逐渐适应了之后，有些爸爸妈妈头脑中的这根弦也慢慢放松了。于是，爸爸妈妈晚上回家和宝宝一起没完没了地看电视、玩游戏，周末带宝宝外出郊游、会友、吃大餐……这些都打乱了宝宝已经逐步建立的起居规律。

因为前一天没有休息好，宝宝还没有睡够，怎么叫也不肯睁开眼睛，就是不愿意起来。如果这时爸爸妈妈强行把宝宝叫起来，宝宝似醒非醒，感觉很不舒服，肯定会因此影响情绪。宝宝会磨磨蹭蹭，甚至哭闹着不肯去幼儿园。

出现这种赖床现象，其实更多的原因在于爸爸妈妈！所以，爸爸妈妈就需要注意调整好宝宝的作息时间，安排好晚上和周末、节假日的生活，让宝宝有充足的睡眠时间和良好的睡眠质量，避免出现宝宝因休息不好而不愿意起床的现象。

2. 逃避幼儿园

还有另一种赖床：叫宝宝起床的时候，宝宝已经醒了，却还要装睡，无论爸爸妈妈怎么哄，就是不愿意起床。出现这种情况，可能是因为宝宝还没有很好地适应幼儿园的生活，觉得在幼儿园里要接受一些规矩，没有在家里自由，感到受限制和约束，从心里抵触上幼儿园；可能是因为之前在园里被老师批评了，或是和其他小朋友有冲突了，心里不愉快的阴影还没有过去等。为了能达到他们逃避的目的，宝宝就会用赖床的方式来企图不上幼儿园。

遇到这种情况时，首先，爸爸妈妈不要因为宝宝“累了，起不来”或者“还想睡觉”的理由而心软，随随便便就应允宝宝今天可以不去幼儿园，否则这将成为宝宝以后对付爸爸妈妈的撒手锏。

其次，不管爸爸妈妈是否知道宝宝不想上幼儿园的原因，千万不能去揭宝宝赖床是因为不愿去幼儿园的底，更不要在这个时候和他讨论“你为什么不想去幼儿园呀”“是不是昨天老师批评你了”这样的问题，而是应该用装糊涂、不理睬的方式，针对宝宝的爱好、特点想办法，改变宝宝关注的重心，达到叫他起床去幼儿园的目的。

这时，爸爸妈妈不妨试试下面的一些小招数。

比如，前一天晚上睡觉前，答应宝宝明天给他穿那双他最喜欢的、会“唧唧”叫的鞋子，或是开个特例由爸爸妈妈一起送他去幼儿园，让宝宝对明天早上充满了期待。第二天早上，这个期待能帮助爸爸妈妈更加容易地把宝宝叫起来，帮助宝宝投入自己热衷的事情上，从而忘掉赖床不去幼儿园这件事。

用爸爸妈妈愉悦的心情和宝宝最喜欢的幼儿园的活动来吸引宝宝的注意力。如果当天是大晴天，妈妈一边帮宝宝拉开窗帘一边说：“多好的天气呀，今天肯定可以滑滑梯了！”如果不巧是个雨天，妈妈就可以说：“太好了，今天在幼儿园的花坛里肯定有不少小蜗牛！”爸爸妈妈自然而愉悦的心情，加上宝宝感兴趣的事物，会让宝宝关注的重心得到转移。

爸爸妈妈还可以为宝宝准备一顿他喜欢的、香喷喷的营养早餐，让宝宝一睁眼就闻到美妙的味道，而食欲大动、胃口大开，迫不及待地要享受丰盛的早餐，自然也就不会赖床了……

当然，在做这些的同时，一定要找机会和老师好好沟通一下，了解宝宝在幼儿园遇到了什么问题和挫折，并和老师一起找到解开宝宝心结的钥匙。如果是因为犯错误被老师批评了，可以请老师找适当的机会与宝宝做些交流，让宝宝了解虽然老师批评了他，但只要他改正了老师还是一样喜欢他，并且在宝宝有进步或是做了好事后大大表扬他一番；如果是因为和小朋友之间闹矛盾，可以请老师从中斡旋、调和，也可以在接宝宝时和小朋友的家长沟通一下，创造机会让孩子们一起玩耍，宝宝就会很快忘掉之前的点点不愉快了。

总之，作为爸爸妈妈，要想方设法让宝宝以一种健康、快乐的心情面对外面的环境，帮助宝宝适应环境的变化、解决生活中的问题，这样会使宝宝变得越来越独立、越来越自信，早上也就不会再出现赖床、不愿意起来的现象了。

六十六　大哭大闹不去幼儿园

有的宝宝已经上幼儿园很久了，可还是一副不大适应幼儿园的样子，隔三岔五就会大哭大闹不去幼儿园。问过老师，好像在幼儿园也没有发生什么特别的事情……

宝宝进入幼儿园接受有计划、有目的的早期教育，是从家庭走向社会的第一步。对宝宝来说，这是他生活上一个非常重要的转折。离开自己熟悉的家庭生活，来到幼儿园这个陌生的环境中过集体生活，宝宝心里的紧张和焦虑，既是他们没有办法用语言表达的，也是成人无法体验和感受的。因而，入园新生出现哭闹现象是非常正常的。

一般来说，随着幼儿园生活的展开，经过 2 周到 1 个月的时间，大多数宝宝都会适应幼儿园的生活，哭闹现象也会日渐减少。但也有少数宝宝，出现比较难适应，一直存在哭闹、不吃不睡等强烈抵触的现象。究其原因，出现这种现象的宝宝，大多是平日绕膝于家人周围，并且与外界接触太少；或是之前在家里照管时，爸爸妈妈或其他长辈过于呵护、包办，而使各方面能力，特别是生活自理能力发展比较差的。

其实，每个孩子都渴望友情、渴望同龄伙伴间的交往，在幼儿园和很多小朋友一起玩耍，是每个孩子适应幼儿园生活后最大的期待。但因为以往家庭教育中的这些问题，致使这些宝宝到了幼儿园，不会与其他小朋友交流、分享、共同游戏，无法融入新的环境；或是一想到在幼儿园事事需要自己完成，甚至还可能因为不会做某些事而受到其他小朋友嘲笑等，就会本能地抵触上幼儿园，并用大哭大闹、不吃饭不睡觉的方式来表达内心的恐惧和不安。

对于这类宝宝，首先需要爸爸妈妈在家中注意克服过分呵护、包办的教养方式，训练宝宝尽快学会自己吃饭、喝水、穿脱衣服鞋袜等力所能及的事情，让宝宝在最短的时间内赶上其他小朋友。

另外，可以在同班或是居家附近找到适龄的小伙伴，多给宝宝创造机会去和同龄孩子交往，鼓励宝宝懂得礼貌待人，学会与人分享、合作。

家园密切联系、相互合作，是解决这个问题的重要环节。针对宝宝某些方面的不足，爸爸妈妈不要因为宝宝不如别人觉得没有面子，而是更需要与老师进行详细的沟通，把宝宝日常能力和表现毫无保留地告诉老师。这样的话，老师会有针对性地给予宝宝一些特殊的照顾，并利用各种合适的机会帮助宝宝锻炼和提高能力。

在这个过程中，无论是爸爸妈妈，还是老师，都要留心注意观察宝宝的进步，即使是很小的进步，也要及时予以肯定和有效的强化，以促进宝宝的发展。当宝宝的能力提高了，可以逐步适应幼儿园的生活时，宝宝就会喜欢上幼儿园了。

六十七　在幼儿园不肯睡午觉

爸爸妈妈发现，宝宝从幼儿园回来，常常显得很困的样子，每天晚上8点一过就要睡觉。一问老师才知道，宝宝每天中午都不睡午觉。

1. 不喜欢午睡的原因

对处于入园年龄的孩子们而言，每天中午的午休，对于他们缓解上午活动带来的疲劳、恢复体力是非常重要的，也是孩子们身体发育所必需的。所以，幼儿园都会在中午安排 1 ～ 2 小时的午睡时间，可有些宝宝偏偏就是不肯睡午觉，这到底是为什么呢？不愿上幼儿园的宝宝，也常常会有一个共同的理由——不喜欢幼儿园的午觉，这又是为什么呢？原因主要集中在以下几点：

① 睡眠时间变化

宝宝上幼儿园前，常常只有晚上可以和下班的爸爸妈妈一起玩耍，往往睡得晚、起得晚，午睡时间自然也比较晚，常常是一两点钟才睡、四五点钟才醒，或是干脆就没有午睡的习惯。即使上幼儿园后，周末和节假日在家也还是按照原来的时间表作息。而幼儿园的午睡时间一般是在 12：30 左右，和宝宝以往的生物钟有“时差”，造成宝宝不能很快进入午睡。

② 睡眠方式变化

宝宝在家中午睡时，常常有成人陪伴，要拍拍、哄哄，或者是一边用奶瓶喝奶、喝水才能入睡。到了幼儿园，老师不可能去陪伴每个孩子，一般也不会允许宝宝延续边喝边睡的不健康做法，宝宝一时不能适应。

③ 害怕睡觉

有些宝宝晚上入睡晚，早上起床困难。为了能按时送到幼儿园，爸爸妈妈在叫宝宝起床时不耐烦地大声喊叫，或是宝宝还在迷迷糊糊中就被强行拉起来去洗漱。这种强刺激，让睡梦中的宝宝突然惊醒，受到惊吓，有时还会表现出神情呆滞、反应迟钝、不愿活动、不思饮食的现象，并因为害怕被突然叫醒而害怕睡觉。

④ 等着爸爸妈妈接

爸爸妈妈早上送宝宝来园时，为了应付着让宝宝快点进教室，随口就说“吃完饭就接你”“睡觉时妈妈就来了”之类的话。大人以为说说就完了，可宝宝却记得清楚，一个中午都在眼巴巴地盼着爸爸妈妈来接，自然是困得眼皮打架也强睁着眼睛不肯入睡。

⑤ 怕尿床

有些宝宝在家睡觉时还不会自己醒来小便，需要大人定时去叫醒。在幼儿园，一旦没有老师及时提醒，难免不小心尿了床。有过这样经历的宝宝，常常会因为怕尿床被老师批评、被小朋友嘲笑，而不敢睡午觉。

2. 让宝宝按时午睡的方法

要想让宝宝能按时在幼儿园午睡，首先需要爸爸妈妈有意识地改变家庭环境中那些不良的睡眠习惯，让宝宝的作息时间和睡眠习惯向幼儿园靠拢。在幼儿园午睡时遇到的具体问题，则更多地需要老师来解决了。

比如，新入幼儿园的宝宝总是在小心地窥探周围、观察老师，这时老师会在他的床前停一下，给他一个温柔的微笑和安抚，宝宝就会感到十分亲切，容易安静入睡；那些翻来覆去睡不着、上床半小时没入睡的宝宝，八成是有小便而不敢说的胆小孩子，老师就会悄悄地问一声，让宝宝去小便后再躺下睡觉；对于仅仅是因为好动爱玩，还处在某些活动带来的兴奋中的孩子，老师也不妨给些严厉的眼光注视，让宝宝明白午睡时在床上玩，甚至影响其他小朋友睡觉是错误的。

同时，如果幼儿园允许，爸爸妈妈也可以给宝宝带一个在家里睡觉时习惯抱在手里的玩具，或自己的小被子，熟悉的感觉和味道也能帮助宝宝有安全感而尽快入睡。

但有一点，无论孩子是由于什么原因不肯午睡，都坚决反对那种大声训斥宝宝的“催眠”做法，因为那样反而给入睡较慢的孩子增加了兴奋点，还会影响刚要入睡的孩子们的睡眠环境。即使在家里，爸爸妈妈也同样不应该用呵斥的方式来对付不睡觉的宝宝，轻轻的声音、默默地凝视，往往更能起到诱导睡眠的作用。

六十八　宝宝夜里常常惊梦

宝宝一向是个外向、乐观的孩子，上幼儿园的适应过程也没有费什么周折，但夜里睡觉时常会做梦，有时还会说梦话甚至惊醒。他不会是在幼儿园受欺负了吧?

其实，宝宝刚上幼儿园出现惊梦现象并不少见。

我们已经说过，宝宝从一个熟悉的环境突然间到了一个陌生的环境中，看到的景物、面对的人一下子全变了，在心理上必然会产生一些不安的情绪，会觉得缺乏安全感和归属感；而幼儿园的新环境又会有很多让他们觉得新奇的东西，成为大脑中的兴奋点。

俗话说，日有所思，夜有所梦。白天不愉快的情绪或是不同以往的兴奋感受，就会在他们的梦中重现，就有了像说梦话、嘻嘻笑、呜呜哭、手舞足蹈，甚至突然惊醒的现象。如果是不安全感比较强烈的孩子，有时还会因过分紧张而出现饭前神经性胃痛、痉挛等不良的表现。这些都是由于环境因素变化造成的神经系统紧张而发生的正常反应，只要想办法缓解宝宝的情绪就好了。

不过，一旦有这种现象出现时，爸爸妈妈还是要注意以下几点。

1. 宝宝适应幼儿园生活需要一个过程

宝宝适应幼儿园的生活需要一个过程，短则几天，长到一两个月，都不是什么大问题。这个时候，爸爸妈妈给予宝宝关于幼儿园积极的、快乐的态度非常重要。爸爸妈妈不要问宝宝“你为什么不愿意去幼儿园呀”，或是当着宝宝的面谈论送不送他去幼儿园之类的话，也不要在宝宝面前谈论对幼儿园、对老师的看法。因为，爸爸妈妈的态度会直接影响到宝宝，情绪和语言中稍稍对幼儿园、老师表现出一点点怀疑与不满，都会加重宝宝的不安或产生不想上幼儿园的消极想法。

2. 与宝宝交流时，要注意语言和方式，避免产生负面效应

最好不要直截了当地询问幼儿园的事，可以找个由头看看宝宝的反应。假如他愿意说，爸爸妈妈一定要耐心听，而且要表现出极大的兴趣。更不要开口就是“今天在幼儿园里有谁欺负你吗”“今天的饭菜好吃吗”这样的问题，而应该是先问一些“你今天做了什么游戏”“除了滑滑梯还拍球了吗”之类的话，引导宝宝回味和小朋友在一起玩耍的快乐场景。还可以清楚地告诉宝宝，“妈妈今天问李老师了，她说你在幼儿园表现特别好，老师可喜欢你了”，这样可以培养宝宝的入园兴趣。

3. 不要处处迁就和娇宠宝宝

还有的爸爸妈妈，看到宝宝上幼儿园以后不适应，既着急又心疼。于是，每天宝宝从幼儿园回家后，就以一种补偿甚至愧疚的心理，处处迁就和娇宠宝宝，似乎觉得只有这样才能安慰宝宝在幼儿园受的“委屈”。

实际上，爸爸妈妈种种迁就行为并不能帮助宝宝摆脱紧张的情绪。一方面，这种补偿心理会让宝宝感觉到“爸爸妈妈也不放心、不喜欢我上幼儿园”，而对幼儿园更加抵触；另一方面，时间久了，还会让宝宝抓住爸爸妈妈的心理，用上幼儿园做交换条件提出一些无理的或平日里根本不会被满足的要求。其实，爸爸妈妈要用平常心对待宝宝入园的事情，可以多关注宝宝、多抽时间陪宝宝，但要注意适度、适量，还要保证正常的作息时间。

一般来说，当宝宝对幼儿园的生活比较适应后，说梦话、惊梦等现象也会减少。当然，极少数特别难以适应幼儿园的集体生活、坚决不愿意上幼儿园的宝宝，出现上述严重的情况，爸爸妈妈还可以和老师、幼儿园协商，让宝宝从在幼儿园生活半天开始，让他感受到幼儿园生活的有趣后，再逐步延长在园时间过渡到全天，并请老师给予特别的照顾。

六十九　宝宝在幼儿园总吃手指

宝宝在幼儿园什么都好，可从上幼儿园以后常常像小时候一样总是吃手指。

1. 吃手有理

吃手指的行为，在未满周岁的婴儿中是比较常见的。尤其是 4 ~ 6 个月的时候，小宝宝已经可以举着自己的小手又看又玩，还会放进嘴里吮吸得非常投入。专家认为：婴儿这样做是发展过程中的必经之路，也是他们探索周围世界的一种方式，等他们能够有更加宽阔的视野和活动范围，也能拿着玩具玩的时候，大多数宝宝自然会主动放弃吮吸手指。但是，也有一部分人超过学前、学龄甚至成年以后还有吃手指、咬指甲的毛病。

对刚刚入园的宝宝来说，进入幼儿园是一个突然的转变——即使爸爸妈妈已经为入园做足了准备，但真的到了一个完全陌生、没有任何感情依托的空间，宝宝仍然会感到茫然、不安，不知道将要发生什么事、将要遇到什么人。或者，在幼儿园里发生了什么令宝宝不愉快、不开心的事情，让他觉得无助、伤心、害怕。

于是，吮吸手指、咬指甲等行为就成了宝宝自我安慰，寻求在爸爸妈妈身边那种感受的一种感情寄托方式。或者，用这样的行为来吸引爸爸妈妈的注意，以得到更多的关注。

2. 应对方案

如果宝宝出现吮手指、咬指甲的现象，爸爸妈妈不要过于紧张，更不要用往宝宝手指上涂辣椒、抹大蒜、打手板等体罚的方法。这样做不仅没有任何效果，反而还会增加宝宝的不安，强化宝宝这种自我安慰的行为。

爸爸妈妈可以试试以下的做法：

① 为宝宝提供一些能代替吸吮的、用上嘴巴的活动

既然知道了宝宝吮手指是一种阶段性的正常心理反应，就不要给宝宝施加太大的压力。年幼的孩子对大人的啰唆与恐吓，常常会不乐意合作，甚至因为逆反而起到反作用。爸爸妈妈可以在这段时间，给宝宝提供一些能代替吸吮的、用上嘴巴的活动，比如唱歌、吹哨子、讲故事、给些宝宝喜欢的零食等，让嘴巴没有空闲，还可以有口腔满足感，会有助于分散宝宝吮吸手指的注意力。当然，零食要选有营养的，而且不要过多，以免养成不好的饮食习惯或影响正常进餐。

② 转移宝宝的兴奋点，让他暂时忘掉要吮手指的想法

当发现宝宝又想或又在吮手指、啃指甲时，不要对宝宝说“把手指拿出来”。爸爸妈妈可以装作没有注意到，而是提议“我们一起玩个游戏吧”，然后拉着宝宝的手或是让他去拿游戏用的玩具，或是一起做一些需要用手的游戏，如拍手歌、石头剪刀布等，以转移宝宝的兴奋点，让他暂时忘掉要吮手指的想法。

③ 用讲故事的形式或请医生帮忙说服宝宝

可以用讲故事的形式，间接地告诉宝宝吮手指、啃指甲是不好的习惯，亲切、简单、易懂的语言和故事，是宝宝比较容易接受的。

一般来说，孩子还会比较容易听医生的话，如果带宝宝去看医生时，还可以请医生帮助说服他改掉这种习惯，效果也会比较显著。同时，在帮助宝宝改进的过程中，需要不断地加以鼓励，鼓励带来的动力越大，宝宝改掉坏习惯也就越努力。

七十　宝宝上幼儿园后变瘦了

原本胖乎乎的宝宝，这段时间上了幼儿园瘦了不少，是不是因为他不太会自己吃饭，天天在幼儿园吃不饱呀？

1. 寻找原因

幼儿园阶段，正是宝宝生长发育最迅速的时期，宝宝的新陈代谢也非常旺盛。所以，如果热量供应不足，宝宝就会出现消瘦和体重下降的情况。

宝宝进入幼儿园，意味着他将进入一个陌生的环境，独自面对新伙伴，他的生活环境、接触人群、饮食习惯、睡眠时间等都有很大的改变，这对于多数宝宝来说都需要有一个不断适应的过程。在适应期内，宝宝或多或少都有一些精神紧张甚至恐惧、心理焦虑，常常有哭闹不安、食欲下降、吃饭不香、食量减少、睡眠不宁等表现，因此很容易造成宝宝在一定时期内消瘦且体重下降。

而有些宝宝平时在家饮食没有规律，不定时吃饭、挑食偏食；或者是自己不会吃饭，顿顿饭都要等着别人喂，甚至爸爸妈妈、爷爷奶奶端着饭碗到处追着喂，或是要一边玩一边吃饭等。到了幼儿园，小小班的宝宝老师会轮流喂饭，从小班开始，老师就会要求宝宝自己进餐，只有个别能力太差、吃饭太慢的宝宝，老师会稍稍帮一下并尽量鼓励宝宝自己吃饭。所以，这样的宝宝到幼儿园后，在吃饭的问题上就显得更加困难重重，体重下降的情况也会更加明显。

还有些爸爸妈妈，经常带宝宝到快餐店去吃些高热量的食物，或给些高热量的零食、饮料，或是在家不能很好地掌握宝宝每天的饮食和活动量的平衡，日积月累就形成了宝宝的虚胖。进了幼儿园以后，幼儿园会根据各个年龄段的孩子的需要配制营养配餐，并且安排许多游戏活动让他们合理地消耗一定的能量。在这样的情况下，虽然表面看来宝宝瘦了，但实际上是结实了、体质好了。

2. 应对方案

入园适应阶段，宝宝由于多方面的原因造成体重下降，一般情况下都是暂时的。这不过是宝宝在过渡期必须经历的过程，爸爸妈妈对此要有足够的理解和心理准备。当宝宝适应了一个新环境，宝宝的身心也都走过了迈向成熟的关键一步，这个问题就自然解决了。对于那些还不会自己吃饭的宝宝，爸爸妈妈不要因为一时心疼怕饿坏宝宝，回家后就迁就他追着喂、哄着喂，而是需要稍稍狠下心来，从在家的每一顿饭开始加紧训练宝宝自己进餐，逐渐让宝宝能够独立吃饭。

七十一　宝宝吃饭慢、吃不饱

宝宝在家吃饭总是慢吞吞的，一吃好半天，上幼儿园以后这个毛病可就影响大了。别的小朋友吃完了，他还在慢慢吃，大家活动总得等他……

1. 寻找原因

幼儿园里到了用餐的时候，经常会有一些孩子吃饭速度很慢，别的小朋友吃完了，他们往往还在那里细嚼慢咽，影响后面的活动或是午睡。那么，宝宝吃饭太慢原因何在呢？总结一下，大概有以下一些：

① 在家没有养成好的就餐习惯

比如说，一边吃一边玩、要大人追着喂，或是全家人一起吃饭时聊天，宝宝也就容易分心，养成不专心吃饭的习惯。到幼儿园时，没人追、没人喂了，或因为别的走神忘了吃饭，导致速度慢下来。

② 自理能力差

有的宝宝缺乏练习，不太会用筷子和汤匙，总拿不稳，费时费力。

③ 肠胃有问题

宝宝的消化不好，或是胃肠功能不好，会让宝宝没有食欲，吃下去后胃有不舒服的感觉，所以吃到最后就慢下来了。

④ 牙齿有问题

比如，牙齿上下颚咬合不紧密，牙齿缺乏钙质。这样，宝宝在吃纤维高的白菜、菠菜、韭菜或是红烧肉之类的东西时，咀嚼费时、费劲，吃得自然就慢。

⑤ 挑食、偏食

宝宝这也不爱吃、那也不爱吃，就餐时很难遇到他喜欢的食物，饭菜总难以咽下去。

⑥ 心情不好或有心事

比如，刚入园时不适应、受了什么委屈、和小朋友闹别扭、挨老师批评了，或是宝宝闹脾气，心情不好也会食不知味，吃饭的速度就会慢下来了。

2. 应对方案

要想改变宝宝吃饭慢的问题，需要先找到原因，再想办法慢慢纠正：

① 提供宽松愉快的用餐环境

无论是在园，还是在家，都要让孩子在轻松、愉快的心情中用餐，切忌在餐前进行剧烈的活动，不要让宝宝过于兴奋，更不要在餐前或用餐过程中批评孩子，造成用餐氛围紧张。

② 在家也要养成好的就餐习惯

爸爸妈妈不要因为在家就放松对宝宝的要求，要让宝宝在固定的地方用餐，吃饭时不可以边玩边吃，更不要追着吃、喂着吃，训练宝宝独立吃饭，学会很好地使用汤匙和筷子等。只有家、园一个样，好的就餐习惯才能形成，吃饭速度才能提高。

③ 解决身体问题

如果是因为胃肠疾病、牙齿发育问题等影响到宝宝正常进餐，不仅会造成宝宝在幼儿园吃饭慢，也会影响到宝宝的正常发育和身体健康。这时，爸爸妈妈要及时带宝宝就医，给予治疗和纠正。

④ 正面引导、积极鼓励

对于自理能力差、挑食偏食的宝宝，爸爸妈妈可以采取奖励小贴画、小动物头饰等方法，来激励宝宝学会独自吃饭，尽量不挑食、不偏食；也可尝试让宝宝经常报菜单、做品尝员，给大家介绍饭菜的名称和味道，来激发孩子的食欲，加快用餐速度。

⑤ 请老师配合，帮助宝宝和大家同步用餐

宝宝的问题肯定不是一下子就可以纠正的，为了使孩子有自信心，可以请老师不露声色地先给宝宝盛饭，而且不要一次盛得太满，采取少盛多添的方法来消除视觉上的恐惧感，让宝宝在心理上产生优势，逐渐提高吃饭的速度。

还有些宝宝，明明是在幼儿园吃过晚饭了，可回家看到家人吃饭，还要再吃一顿，而且吃得很多。这让爸爸妈妈不免有些担心："宝宝在幼儿园是不是没吃饱呀？"其实不然。幼儿园的晚餐时间一般安排在下午 4：00—4：30，与家庭晚餐的时间要相隔差不多三个小时。对于食欲好的宝宝、每顿饭量比较少的宝宝，或者吃饭慢的、挑食吃得少的宝宝来说，看到家人一起吃饭，尤其是有自己熟悉的口味、喜欢的食物，再吃一顿也是很正常的。只要宝宝没有出现消瘦、体质下降，也没有出现从幼儿园到家就饿得不行，没有自己说没吃饭、吃不饱，就应该没有问题。

特别提醒一点，对于胃口好的孩子，家长一定要注意控制食量，让宝宝少吃肉，多吃水果蔬菜，以免营养过剩成为超重儿；如果家里用餐时间比较晚，也不要让宝宝吃得太多，以免进餐后不久就要睡觉，影响消化。

七十二　在幼儿园挑食、偏食

有些家长由于种种原因把孩子交给家里的老人帮忙带。不少祖辈对宝宝很溺爱，宝宝爱吃什么，就天天给他吃什么。结果，宝宝出现了严重的挑食、偏食等情况。

1．寻找原因

挑食、偏食的现象在现在的孩子中非常普遍。在许多家庭里，给宝宝吃什么、怎么吃，成了全家最伤脑筋的事。究其原因，宝宝挑食、偏食更多是由于心理因素造成的，与家庭的饮食习惯和成人的态度有很大关系。

有些家长自己就有偏食、挑食的问题，于是在喂养宝宝的过程中，就会有意无意地将自己的偏食、挑食的习惯传递给孩子。如有的家长不喜欢吃鱼，家里也几乎从不买鱼、吃鱼，一听别人提到吃鱼就表现出厌恶的态度，说些“鱼有腥气”“吃鱼太麻烦了”之类的话。说者无意，听者有心，虽然家长知道吃鱼对宝宝的营养很重要，但宝宝却因为受到暗示，也形成了不爱吃鱼的习惯。这看似遗传的现象，实际上却是宝宝后天受家长饮食习惯影响而形成的。

另外，在宝宝刚刚开始添加辅食及断奶改吃普通饭菜时，有时会因为对固体食物不习惯、对口味不熟悉而将某些吃进去的食物吐出来；有时，宝宝初次吃一种没有吃过的东西时，不敢尝试或是不习惯，却说“我不爱吃”“这个不好吃”。家长爱子心切，不去考虑原因就认为是宝宝不喜欢吃，以后也不再给他吃了，结果宝宝干脆从此拒绝了这种食物。其实，更多的时候，只要家长坚持给宝宝喂几次，等宝宝适应了，也就能接受了。

还有一种情况也是很普遍的。有些家长看到宝宝喜欢吃某种食物或认为某种食物有营养，就天天做给宝宝吃，期望宝宝能多吃点、长得好。再好的东西天天吃、顿顿吃也会让人生腻，也就是俗话说的“吃伤了”，以后就不想再吃了。于是，让宝宝养成了爱吃的东西一个劲儿地吃，直到吃腻了再换一样，阶段性地只挑着吃那么几样的严重偏食的习惯。

2. 应对方案

挑食、偏食的孩子，容易出现营养失衡甚至产生厌食现象，这会严重影响宝宝的生长发育。而因为挑食、偏食，宝宝往往会极力独占自己喜欢的食物，不能和别人分享，久而久之还可能形成自私、霸道、任性等不良习惯，影响到孩子的性格发展和心理健康。所以，对于有挑食、偏食习惯的宝宝，一定要尽早帮助他纠正。

① 纠正宝宝不良习惯，首先从家长做起

既然宝宝挑食偏食与成人的态度和家庭的饮食习惯有关，那么纠正宝宝的不良习惯，首先就要从家长做起。家长要注意自己的饮食习惯，为宝宝树立榜样，不要总是把什么好吃、什么不好吃挂在嘴边，更不要在宝宝面前对食物挑三拣四；不要过于娇惯孩子，从宝宝学吃饭开始，就不搞特殊，大人吃什么、宝宝就吃什么，并给宝宝提供尝试各种食物的机会，不给宝宝创造挑食、偏食的环境。

② 不要大惊小怪或者呵斥宝宝

即使发现宝宝有挑食、偏食的现象，也不要大惊小怪或是呵斥他。最好的办法是，大家都假装不知道，只要自己吃得津津有味、称赞不已就可以了。宝宝都有好奇心和从众心理，大家的样子往往会感染宝宝去尝试，宝宝也会逐渐改变自己的习惯。

③ 宝宝的口味也常会有改变

每个人都有自己喜欢的口味，这个口味也常常会有改变，宝宝也一样。在宝宝不愿吃某种食物时，家长不应该无原则地迁就，但也不用过分勉强、逼着宝宝吃，可以过一天两天做一次，让宝宝总能看到这种食物。

然后，家长可以努力营造一种愉快的情绪，如说“啊，真香！妈妈最喜欢吃了”，让宝宝尝一尝。也许，一段时间后，宝宝就会喜欢上这种食物、这个口味了。

④ 平时尽量不给宝宝买过多的零食吃

平时尽量不给宝宝买过多的零食吃，尤其是高热量、高糖的点心、糖果、饮料等。这些东西一般都口味甜厚、口感很好，这样的零食吃多了，肯定会影响宝宝的味觉、口味，也会影响宝宝正常进餐。

⑤ 老师在纠正宝宝挑食、偏食方面往往能起到关键作用

在纠正上了幼儿园的宝宝的挑食、偏食方面，老师往往能起到很关键的作用。宝宝一般会比较听老师的话，家长可以把宝宝的情况告诉老师，请老师在适当的时候给他讲讲这种食物对他有什么好处，挑食、偏食对他长高长大有什么影响，并让他和班里的小朋友比一比、学一学，往往能促进宝宝改掉挑食、偏食的习惯。而这时，家长和家人也一定要很好地配合老师，不要迁就宝宝回到家又挑挑拣拣的毛病。

七十三 上了幼儿园常生病

原本身体还不错的宝宝，上了幼儿园以后，三天两头的就会感冒一次，有时轻，有时还很严重。

1. 生病寻因

进入幼儿园，对一个两三岁的孩子来说，生活环境发生了巨大的变化，生活上也有种种不习惯，都会使宝宝产生强烈的不安和紧张感。紧张和压力会造成人体免疫力下降，更何况宝宝的免疫力仅仅是成人的1/3左右。尤其是比较敏感、入园不适应感强烈，或是本来就体质较弱、容易生病的孩子，身体受情绪的影响就更大。

另外，幼儿园是集体生活，一个班的老师需要同时照顾十几个、几十个孩子，肯定没有在家里一个甚至几个大人对一个宝宝照顾那么周到。加上幼儿园的人群密度相对家庭来说肯定要高，一旦有什么病毒或病菌，交叉感染的机会也就比较高。于是，宝宝穿得太多、捂得太热，或是今天穿得薄了却偏偏变天下雨了，而宝宝自己又没有及时增减衣服，难免会着凉生病；而到了流行感冒高发季节，班里如果有一个孩子感冒，周围体质较差的孩子也难免跟着被传染上……

2. 减少宝宝感冒的方法

体质弱又比较敏感的宝宝是入园感冒的高发人群。所以，如果家庭条件允许，初次入园可以考虑避开秋季统一开学的时间。因为秋季本来就气候变化多、忽冷忽热，是易患感冒的时节，如果宝宝入园不适应，感冒就可能成为家常便饭，既影响宝宝的健康，又不利于宝宝尽快适应幼儿园的生活。

如果错开统一入园阶段，多数孩子都已经基本适应了幼儿园的集体生活，老师就可以腾出些精力多关照新入园的孩子，有利于宝宝的健康和尽快适应集体生活。或者在入园初期，可先让宝宝半日入园，吃了午饭就回家。这样安排，有利于孩子情绪的放松，也可减少午睡时的交叉感染，对宝宝的身心发展都比较有利，也可以减少生病。

另外，爸爸妈妈要随天气变化适时为宝宝增减衣服。春天、秋天，都是天气多变、忽冷忽热、寒湿无常的季节，要遵循“春捂秋冻”的谚语，为宝宝适当穿衣。有的爸爸妈妈因为怕宝宝感冒，就给宝宝穿得很多、很厚，使宝宝很容易上火。加上幼儿园游戏多、活动量大，而且孩子本身都好动爱玩，新陈代谢旺盛，非常容易出汗，汗湿了的衣服会凉凉地贴在身上，反而更容易受寒着凉。所以，一定注意宝宝的衣服不能太厚，可以给宝宝穿件背心、坎肩之类的衣服，宝宝自己容易随时穿脱，老师也容易照管。

对于有些特别容易出汗的宝宝，爸爸妈妈还可以准备几块薄薄的小毛巾，给宝宝带到幼儿园，拜托老师在宝宝户外活动和午睡时给垫在宝宝后背上并及时更换，减少汗湿的衣服与身体长时间贴在一起。这是一种简单、方便的预防感冒方法。

还有很重要的一点，就是要多给宝宝参加户外活动的机会，锻炼身体、增强体质。有些爸爸妈妈冬天怕宝宝冷、夏天怕宝宝热，天气稍稍变化就恨不得只让宝宝待在屋子里，其实反而是害了孩子。要知道，让宝宝接受户外新鲜的空气、温暖的阳光，以及一年四季寒暑交替的锻炼，可使宝宝身体的抗病能力提高，对外界环境变化的适应能力增强，也就减少了宝宝因天气突变而生病的可能。

七十四　非要带自己的“吉祥物”上幼儿园

从上幼儿园开始，宝宝就非要每天带自己的小毛巾被，只有盖着这个才睡觉。一是天天带来带去怪麻烦的，二是天气凉了也不能还盖毛巾被。这种癖好能不能戒掉呢？

1．寻找原因

很多孩子睡觉时都喜欢抱个毛绒玩具、抱枕之类的东西，或是要盖固定的被子。为什么呢？

有些宝宝从小开始，往往是由爸爸妈妈或家人抱在怀里睡，或是一直习惯于有人陪同入睡，久而久之，使宝宝产生了过分的依恋。如果醒来后发现爸爸妈妈不在身边，或是一旦因为某种原因改变了入睡的习惯，孩子就会产生恐惧心理。于是，为了满足自己的心理需求、找到一种心理的寄托和补偿，有的孩子会用每天抱一件固定的玩具或枕头、盖固定的被子，或是用咬衣角或被角、吸吮手指等方式来缓解这种情绪，并逐渐形成了习惯。到了入园时，生活环境的改变又一次加剧宝宝的不安和恐惧，这种习惯就会更加明显地表现出来，并且被宝宝用各种方式“捍卫”着。

这种现象是一种较常见的行为，尤其是对于年龄相对较小就入园的宝宝来说。爸爸妈妈不用过分在意，更不要粗暴地训斥、打骂孩子，也不要强行夺走孩子的东西或要求他改变这个习惯。这样做，只会加剧宝宝的紧张和焦虑，给他造成更大的心理伤害。

2．应对方案

刚上幼儿园时，爸爸妈妈可以向老师说明情况，允许宝宝延续他的习惯，把自己的东西带到幼儿园，并请老师多关注他、鼓励他。等宝宝适应幼儿园生活后，再请老师用其他小朋友都不这样做的事实，逐渐说服宝宝，帮他把毛病改掉。不过，一件东西，每天从家里到幼儿园带来带去，一定要特别注意清洁卫生，经常进行清洗、消毒。

同时，从家庭气氛或教养方式中寻找原因，逐步消除宝宝产生不安情绪的根源，减少宝宝对物品的依赖。比如，每天在睡前给宝宝讲故事、听音乐，让宝宝能脱离依赖物入睡。一旦哪天成功了，就应该给宝宝大大的鼓励、表扬；或者在换季的时候，借给宝宝换厚被、床具的机会，选一个有漂亮图案的被罩，宝宝喜欢得不得了，自然也就放弃了原来的毛巾被……这样，也许有一天宝宝自己就会彻底忘掉原来的依赖物了。

七十五　在幼儿园常尿裤子

有的妈妈还会遇到一个难题——宝宝常常在幼儿园尿裤子，而之前在家已经很少这样。如果问一下老师，会发现这样的孩子还不少呢！

1. 寻找原因

在上幼儿园的孩子当中，尤其是刚刚入园时，很多在家已经不尿或很少尿裤子的宝宝，在幼儿园却总是尿裤子。实际上，这种现象是很普遍的，也是非常正常的。究其原因，有几种可能：

① 宝宝需要一个适应过程

宝宝初入幼儿园，对教师、小朋友都不认识，对新的环境不熟悉，就会有失落和不安，心理的压力也特别重，这就是我们前面所说的“分离焦虑期”。在这一阶段，由于宝宝自己无法排除心里的压力，精神高度紧张，在了解环境、适应环境方面，常常会使之前已经具备的能力出现倒退，难免出现尿裤子的问题。

② 宝宝不能自行解决大小便

在家里，往往是一个甚至几个成人照看一个孩子，宝宝随时都在成人的关注中，而且家人很熟悉宝宝的语言表达和动作，只要宝宝稍有尿尿的表示，就能给宝宝一些帮助。而在幼儿园，老师要面对的是那么多一样大的孩子，自然不能时刻都关注一个人。如果宝宝自己不能熟练地完成这件事，或是在对老师表达时没有立即得到回应和帮助，就会因为来不及去厕所而尿裤子。

还有些胆子小的宝宝，想大小便的时候不敢去告诉老师，或是不知道怎么表达，结果自然可想而知，不仅会尿裤子，还难免拉在裤子里，弄得乱七八糟。

③ 宝宝过于兴奋或害怕

对于已经适应了幼儿园生活的宝宝，常常还有一种情况：因为宝宝过于专注于某个喜欢的游戏，或是害怕因为去厕所被别的小朋友拿走最喜欢的玩具等，就憋着、忍着不舍得去厕所，结果实在忍不住了也就来不及了，肯定就要尿裤子了。

2. 应对方案

要解决这个问题，需要宝宝、爸爸妈妈和幼儿园老师一起努力。

① 爸爸妈妈要培养宝宝良好的如厕习惯

作为爸爸妈妈，应该从合适的年龄开始，就培养宝宝良好的如厕习惯，让宝宝学会自己上厕所。即使教师没有关注他、提醒他，他也知道有大小便时要自己去上厕所，自然就不会出现尿裤子的现象。同时，在宝宝学习语言表达的时候，爸爸妈妈要有意识地培养宝宝有事就说，并且表达准确、清楚。这样，孩子在幼儿园时就自然可以主动、明了地对老师说，也就可以大大减少因为孩子的语言表达不清楚、老师听不懂而耽误时间，使孩子尿裤子了。

② 宝宝入园前，爸爸妈妈就要做足准备工作

从送宝宝上幼儿园前，爸爸妈妈就要做足准备工作。比如，事先了解一下幼儿园里宝宝大小便是用便盆还是用便池，第一天送宝宝去幼儿园时，亲自带着宝宝去看一看，甚至试着先用一用，告诉宝宝这和家里的卫生间有什么不同，该如何使用。

同时，一定要让宝宝知道，自己需要大小便是很正当的要求，不是一件羞耻的事情，应该大胆地告诉老师，老师不仅不会因此责怪宝宝，还会在他需要的时候帮助他。对于比较胆小、内向的宝宝，爸爸妈妈还

可以在家里做模拟游戏，由爸爸妈妈扮演老师来训练宝宝大小便时如何对老师表达，并且把宝宝的性格特点和习惯动作告诉老师，请老师尽量经常观察宝宝的表现并给予耐心的关照和指导。

③ 一定要给宝宝穿容易穿脱的裤子，最好是松紧带的

给宝宝穿容易穿脱的裤子，宝宝容易掌握要领、容易学会，自己穿脱也简单、方便，有利于宝宝适应幼儿园生活和增加自信心；即使是已经适应了幼儿园的宝宝，也经常会玩得忘了大小便，直到憋不住时才想起去厕所，如果裤子不便穿脱，也很容易使宝宝陷于困境。

④ 帮助宝宝养成定时排大便的习惯

也有一些宝宝本来就有比较好的生活规律，基本可以每天定时排大便。那么，爸爸妈妈还可以帮宝宝养成每天去幼儿园之前或晚上回家后排大便的习惯，这样至少宝宝可以免去在幼儿园大便的麻烦和担心。

⑤ 帮助有尿裤子经历的宝宝重新建立信心

如果宝宝已经有了在幼儿园尿裤子的经历，有时难免会给宝宝的心理造成不良影响。爸爸妈妈一定不要因为觉得没有面子，或是因觉得宝宝贪玩、胆小、尿裤子太没出息等而责备、批评孩子，这样会增加宝宝的惧怕感和心理压力，一提幼儿园就想起尿裤子，或是在幼儿园不敢喝水、喝汤，或是总记挂着这件事频频跑厕所，成为很重的心理负担，并因此抵触和害怕上幼儿园。

爸爸妈妈要告诉宝宝，这没有什么大不了的，很多人小时候都有过这样尴尬的经历，因为他还是小朋友，所以爸爸妈妈和老师都会原谅他、帮助他；然后，尽量在宝宝因为这件事的坏心情过去后，用平静、缓和的口气和语言让宝宝明白，尿裤子是他这个年龄的孩子应该能避免的，鼓励宝宝努力自己完成这个“任务”，或在需要老师帮助时大胆地说出来，并在宝宝有进步时肯定他、表扬他，慢慢地，孩子就会好了。

七十六　宝宝上幼儿园后容易便秘

除了尿裤子，宝宝上幼儿园以后还很容易便秘。放假在家就好一些，上几天幼儿园就会大便干。

宝宝入园后便秘在幼儿园开学初期也并不少见。

1. 寻找原因

第一，对于刚入幼儿园的孩子来说，从一个熟悉的环境来到一个完全陌生的地方，精神极度紧张、惶恐，甚至哭闹不安、睡眠不宁，容易出现饮食不佳、脾胃不和的情况。再加上喝水少，容易上火，宝宝容易出现机体脏腑功能失调，大便也容易干结。

第二，有些孩子有了便意不敢跟老师说，或是不愿意在幼儿园排便，往往有了便意也强行忍着，时间长了会造成习惯性便秘。

第三，更多的孩子是因为在幼儿园不会主动要水喝。他们只在老师按时引导喝水时才喝，却因为有时记挂着玩具和游戏，或者说不渴，或者喝两口就跑了，但孩子一天的活动量大，又容易出汗，于是就造成了体内缺水，容易咽干上火，并产生便秘。

当便秘出现后，干硬的粪便刺激肛门会产生疼痛和不适感，孩子会因为惧怕解大便而不敢用力排便，而大便越不能排出便秘也会越严重。大便长时间存留在体内还会使毒素淤积体内，影响宝宝正常的新陈代谢，从而产生营养不良、抵抗力下降等问题，影响宝宝的身体健康。

2. 应对方案

首先，爸爸妈妈要让宝宝的生活有规律，并尽量帮助宝宝养成按时排便的习惯，一般宜安排在早晨起床之后。开始，宝宝可能不习惯，但不妨每天晨起后给宝宝喝些温开水，让宝宝坐一会儿便盆（当然，时间不宜过长），坚持训练一段时间后，大多数孩子都可以养成按时排便的习惯。

其次，调整好宝宝的饮食，粗细搭配、营养均衡，尤其是纠正宝宝不爱吃蔬菜的习惯。便秘的孩子更要吃些含纤维素的食品，如各种绿叶蔬菜、红薯、南瓜、海带等，还可以吃些梨、香蕉等水果，都有利于改善便秘。

最重要的是爸爸妈妈要从便秘带来的不适体会中教育宝宝，让宝宝建立无论在家还是幼儿园都要多喝水的习惯，还要不挑食、不偏食，多吃蔬菜、水果，便秘就会治好，就不会在大便的时候屁股疼得厉害啦。

当然，爸爸妈妈一定要客观地了解宝宝产生便秘的原因。如果是入园焦虑所致，就要想办法多安慰他，消除他刚入园时的紧张心理。特别是害怕老师的孩子，要在和老师沟通后创造更多的机会让宝宝亲近老师，当宝宝和老师熟悉了，问题自然就解决了。爸爸妈妈也可以请老师多关心提醒孩子，告诉他有便意的时候一定不能忍着，否则会不舒服还容易生病。要知道，虽然宝宝有时有些怕老师，但老师的话往往比爸爸妈妈更具有权威性，更容易让宝宝听从。

七十七　把幼儿园的东西拿回家

宝宝喜欢幼儿园的小车模。老师看他爱不释手，就同意让他带回家一天。结果，有一天，妈妈竟发现宝宝悄悄把它装在书包里，又带回来了！

1. 寻找原因

一旦发生这样的事情，爸爸妈妈的第一反应常常是生气、暴怒——怎么可以把幼儿园的玩具“偷”回家！其实，完全没有必要这样反应过度，更不要随意地把宝宝的行为定义为“偷”，而是要找到宝宝把它带回家的原因。

首先，如果宝宝是刚开始上幼儿园，对那里的一切都很陌生、恐惧。于是，看到一件自己喜欢的玩具以后，常常会一直拿在手里，并对它产生依赖感，以弥补自己离开亲人后的不安、焦虑，以至于到了回家的时候也不愿意放下。

其次，幼儿园孩子的年龄特征决定了他的这种行为，因为他们还不能很好地分辨是非对错，对什么是集体的、什么是私人的概念也还一知半解。当宝宝看到自己喜欢的玩具，自然的反应就是一直拿着带着不放手，才能玩着方便、玩个够。当然，也有的孩子是因为在家被爸爸妈妈或其他长辈宠惯了，养成了以自我为中心的习惯，只要是自己喜欢的东西就一定要把它据为己有，根本就无意识或不懂得征求别人的意见就拿回家了。

2. 应对方案

当宝宝私自拿幼儿园的东西回家时，爸爸妈妈不能简单、粗暴地认为这是偷窃、是一种不良行为，过多地责怪、惩罚孩子，而是要有技巧地了解宝宝的想法后，给予正确的引导，教会孩子分清物品的所有权，知道什么东西是集体（别人）的，什么东西是自己的，拿别人的东西要征求别人的同意才行。

当爸爸妈妈看到宝宝拿了幼儿园或别人的东西后，先不要急着批评，可以问问宝宝："这个玩具真好玩，是哪里的（谁的）？"宝宝得到爸爸妈妈对玩具的认可，自然会很高兴地告诉你："是幼儿园的（或×××的）。"

其实，宝宝一般都明白这个玩具不是他的。爸爸妈妈在肯定了宝宝的诚实后，就可以因势利导地告诉他："这个玩具这么好玩，肯定很多小朋友都喜欢。可是，你把幼儿园的玩具拿回家了，那其他的小朋友怎么玩呀？如果你喜欢的玩具也被别人拿回家，你没的玩了，你会伤心吗？"或者"上次豆豆来我们家，好喜欢你的天线宝宝。可如果他拿走了，你会怎么样？"让宝宝将心比心地从别人的角度多想想。

当宝宝认识到自己这样做不对时，爸爸妈妈就可以趁机告诉他：幼儿园的东西是集体的，是所有小朋友的，只能在幼儿园玩，不能随便拿回家。除非像昨天那样在老师的应允下才可以带回来一天，但也必须第二天就还回去；而别人的东西，就算再喜欢，也不可以随随便便就拿走，即使想要玩一会儿也需要经过对方的允许，并且要在玩过之后完璧归赵。当宝宝表示知道了，要表扬宝宝知错就改的行为，再要求宝宝明天归还玩具并注意以后不再这样做。

最后，爸爸妈妈应该在第二天去幼儿园后和宝宝一起把玩具交还给老师。如果可能，爸爸妈妈还应该提早和老师沟通一下，把事情做个说明，并在宝宝归还玩具后，也请老师对他犯了错误及时改正的行为给予肯定（但应该不要在全班小朋友面前公开，以免让宝宝背上心理包袱），强化宝宝的是非概念，养成良好的行为品质。

七十八　宝宝在幼儿园总打人

几乎每个幼儿园每个班都有个“小霸王”，总是打别的小朋友，老师每天向他的爸爸妈妈告状。

1. 寻找原因

幼儿打人的行为又叫攻击行为，是幼儿园阶段的孩子中较为普遍存在的现象。一般来说，孩子的攻击行为主要有两个原因：一是为了实现某种目标，当其他方式无法做到时，就以攻击行为作为手段；二是为了引起别人的注意或是接近别人，故意去挑衅。从另一个角度讲，也是因为孩子缺乏正常人际交往的经验和手段而采取的不良的替代方式。

现在的孩子大都是独生子女，比较孤单，缺乏玩伴和与同龄孩子交往的经验；在家里，宝宝集父母、长辈的宠爱于一身，所有的人都照顾他、迁就他，呼风唤雨、为所欲为，稍不如意，就用哭闹、喊叫，甚至对父母、长辈大打出手，难免形成以自我为中心、唯我独尊的不良习惯。

他们进入幼儿园以后，每天处于同龄幼儿群体中，自私心理、攻击性强、不合群等特性都会集中暴露出来。当不会正常沟通或正常沟通不成时，宝宝不知道还有什么办法能解决问题，有些孩子就会动用武力。

其实，这个错误也不在孩子，而是以往家庭教育中的失误造成的，只是在家中爸爸妈妈体会不到。到了幼儿集体生活中，问题就出现了，被老师告状了，才觉得宝宝太丢人了、情况严重了。

2. 应对方案

① 爸爸妈妈应该从小教育孩子礼貌待人

在日常生活中，教会幼儿学会运用基本的礼貌用语，如请、谢谢、对不起、没关系、再见等。在家庭教育中，长辈也要爱之有度，不要过分呵护、迁就，要让孩子懂得分享、懂得爱护和照顾别人，以免孩子形成自私的心理和自我为中心的习惯。

② 要教给宝宝与人交往的方法

这个方法不只是把自己的玩具拿出来与小朋友一起分享、愿意和小朋友一起游戏的概念，而是具体的表达、沟通方法。

比如，画画时，宝宝缺一支红色的彩笔，想借用别人的，可以去问问小朋友："这个红色彩笔你现在用吗？可以借我一下吗？"如果小朋友也刚好用这支彩笔怎么办？告诉宝宝，可以看看能不能再找其他人借，或是先画别的颜色，等小朋友用完再借等。

在家中，当宝宝有什么需要时，也不要总是有求必应，所有的人都为他"让路"，而是要利用这样的机会锻炼宝宝的交往能力和耐心。

③ 要培养宝宝自己处理问题的能力

孩子年龄小，只是告诉他友爱、谦让、合作等词汇，他还不能完全理解这些词的含义。所以，爸爸妈妈应该随时用生活中或是故事书中的事例，教会宝宝对具体问题应该采取什么方式，以让幼儿真正学会和理解合作、谦让的意义。

比如，两个小朋友只有一个变形金刚，谁都想玩，怎么办？先不要直接给宝宝答案，可以问问他："你们在幼儿园有没有两个人都想玩一个玩具呀？那你是怎么做的？别的小朋友又是怎么做的？"还可以启发宝宝想一想，如果他是故事中的小朋友，他会怎么办等。

当然，也有个别孩子的攻击行为问题比较严重，无论爸爸妈妈和老师怎么讲道理，也无济于事。对于这样的孩子，也不妨在不影响其身体和心理健康的前提下，给予适当的惩罚。比如，在宝宝打人后，让他独自在另一个房间罚站；不允许他参与某项他喜欢的游戏活动，打人那天回家不可以看动画片等。让宝宝通过这样的教训吸取经验，以后不再犯错。

经过一段时间的努力，加上幼儿园也会在日常教育中不断给宝宝强化这些概念，相信大多数孩子都能很快融入集体生活，学会和小朋友友好相处，改掉打人的坏习惯，成为受小朋友欢迎的孩子。

七十九　宝宝在幼儿园总被别人欺负

和有攻击行为的孩子相反，有的宝宝比较胆小、懦弱，在幼儿园总是被别人欺负。爸爸妈妈心疼不已，却又束手无策。

我们相信，大多数的爸爸妈妈和幼儿园老师在教育宝宝的时候，都是说要有礼貌、懂得谦让、和他人友好相处，不要随便和小朋友闹矛盾、打架等。但是，龙生九子，个个不同，何况是来自不同家庭、不同环境的孩子？小孩子之间的矛盾肯定是会存在并经常出现的。说句心里话，哪个做爸爸妈妈的都不愿意看到自己的宝宝受委屈。那么，如果遇到自家宝宝被小朋友欺负了，又该怎么办呢？

首先要搞清的一点，就是这个“欺负”的定义和程度。学龄前的孩子闹矛盾，原因一般很简单，多数是由于有喜欢的玩具、图书等，自己得不到就去抢夺别人的或被别人抢夺；再就是进行某个游戏的过程中，意见不一却又无法相互说服。所以，孩子之间打架、冲突，并没有什么原则性的、根本性的大问题，往往也是因为人际交往能力、语言沟通能力受年龄发展的限制，而采取了一种不恰当的解决方式。

这个年龄段孩子的心智发展限制了他们不能明白大道理，又处于一个“自我中心期”，往往分不清什么东西是别人的、什么东西是自己的，也还不能理性地分析出哪个人的主意和意见是正确的。所以，当自己的孩子与小朋友之间发生矛盾、冲突时，爸爸妈妈不要立刻想到自己的宝宝是不是受欺负了、受委屈了，而要能客观、理性地去对待这件事。

无论矛盾的原因是什么，主要责任在谁，遇到和小朋友起冲突的情况，宝宝的情绪都会或激动，或愤怒，或委屈，或伤心的。这时，爸爸妈妈一定要先设法让宝宝平静下来，再问清楚事情的来龙去脉，帮助宝宝分析究竟是“谁错了”。如果事情的主要责任的确在对方，也就是说，宝宝在这件事情中真的受到了不公正的待遇时，再视事情的严重程度，采取不同的方式。

第一，如果宝宝只是遇到“天天抢走积木不给我”“天天拉着我不让我滑滑梯”之类的问题，并没有肢体、动作上的大冲突，宝宝也没有受到什么“皮肉之苦”时，爸爸妈妈应该教会宝宝自己去和这些小朋友交涉，解决和小朋友交往中遇到的问题。比如，鼓励他“去找天天把积木要回来”或是“告诉天天你玩过了就会把积木让给他玩”，去告诉天天“滑梯是大家的，你能玩，我也能玩”等。这样做，既可以培养孩子独立处理事情的能力，也让孩子懂得要在遵守规则的前提下去维护自己应有的权利。

第二，如果宝宝遇到的是一个攻击性很强的对手，在和同伴的冲突中已经受到身体伤害甚至受伤、挂彩了，爸爸妈妈先要帮宝宝检查一下身体，并问问宝宝是否觉得很痛，给宝宝适当的安慰、安抚，让他觉得自己并不是孤立的，爸爸妈妈都是关心他、支持他的。然后，告诉宝宝：“如果以后天天再这样欺负你，不要只是哭鼻子，可以大声叫老师来帮助你。老师知道了，会批评他的。”

这种做法可以让孩子明白，在受到他人伤害时需要主动还击，但这个还击不一定非得以牙还牙地和他对打，而是可以找到主持公道的人去制止这种不公道的行为，惩罚做出不公道行为的人。让宝宝接受和理解这样的做法，不仅可以让他明白是非、提高自立能力，也让宝宝学会将来如何在一个有规范、有秩序的社会中为人处事，并遵守这样的规范、秩序。

第三，一旦宝宝真的遇到一个屡教不改的同伴，如果是在幼儿园里，建议还是要通过老师来解决问题，可以请老师去和对方家长沟通，或是和老师一起与对方家长好好谈谈，请他们对自己的宝宝进行教育和管理。同时，也可以告诉自己的宝宝，再遇到对方欺负他时，除了大声告诉老师外，也可以郑重地警告对方：“不要再打我了！如果你再打我，我也会打你的！”

或者，联合同班的小朋友（因为这样的孩子往往非常霸道，其他小朋友也难免会深受其害）建立联合阵营，在他欺负人时大家互相帮助，一起谴责他。要知道，有的时候，一个显得弱小的人一下子态度强硬起来，也能给对方一种威慑；如果小伙伴们齐心协力，也是很有震慑力的。

而对于这样的情况，幼儿园和老师的作用应该更加重要。如果班里有个这样的孩子，老师肯定会对他特别关注，如果发现他欺负小朋友的行为就会提出批评和给予适当的惩罚，并找到他的父母汇报孩子的表现，提请家长积极配合教育，纠正孩子这方面的毛病。

八十　宝宝不会和小朋友沟通

原本是和小朋友说好，两个人轮换着荡秋千的，结果另一个小朋友上去了就不下来了……遇到这样的事情，要怎么办呢？

爸爸妈妈常常会教育自己的宝宝，在和小朋友一起玩的时候要遵守规则，参与共同游戏、大家玩同一玩具时要懂得轮流等，这是孩子从小应该懂得的礼貌、谦让和友好。但孩子就是孩子，总会有遇到喜欢的玩具、游戏就舍不得放手的时候。一个孩子反悔了、破坏了规则，另一个谦让的孩子就会委屈、不平，不知道以后还要不要再遵守规则……这样的事情，在现实生活中不在少数。

如果爸爸妈妈处理不好，可能会让宝宝对游戏规则、谦让礼貌产生怀疑——我谦让了、遵守规则了，但别人却不谦让、不遵守，那我就吃亏了，宝宝的心里肯定充满了疑惑、委屈和不满。于是，以后再遇到这样的情况时，过去的经验会使宝宝再也不肯把手中的玩具让给别人，并学着不再去礼貌地谦让了。那么，这个时候爸爸妈妈应该怎么办呢？

首先，在宝宝因此哭鼻子、不开心，或是说出自己的生气、不满时，爸爸妈妈要允许宝宝用这些方式宣泄自己的情绪，还可以问问自己的宝宝，让他说出对这件事有什么感受。这样做，既可以体现出爸爸妈妈的平等教育，也可以让宝宝学会用直接的语言表达来释放不良情绪，还可以顺便看看宝宝是否有自己的应对策略。即使宝宝还小，可能还说不出什么来，但最起码可以在潜移默化中引导宝宝，学会在遇到困难、问题和不良情绪时，说出自己真实的情绪体验和学会表达情绪的技巧。

其次，爸爸妈妈要再次肯定宝宝对小朋友谦让有礼、懂得游戏规则和轮换的做法，鼓励宝宝以后要坚持这种行为，并指出另一个小朋友做法的不妥。这样做，可以强化宝宝是非、对错的概念，也让宝宝明白既然是对的，就应该坚持而不能轻易放弃的道理。

然后，爸爸妈妈可以鼓励宝宝自己去跟小朋友交涉，并且告诉他一些与人交流沟通的小技巧。比如，让宝宝去和小朋友商量："我刚刚让给你玩了，现在可不可以换我玩一会儿？我玩一小会儿，还换你玩。"如果对方不听，还可以去找那个小朋友的爸爸妈妈："阿姨（叔叔），能让我再玩一会儿秋千吗？我一会儿就再换给她玩。"

如果宝宝天性胆小、内向，不敢去跟别人沟通，那么做父母的也不妨帮助他去与那个小朋友的父母及小朋友本人交涉，帮助他们一起制定一个具体的轮流规则。比如，妈妈看着手表，每个人玩 5 分钟就交换等。这样，不仅帮宝宝解决了问题，避免给他谦让礼貌的行为留下阴影，也给他树立了一个与人交往的榜样，更能让宝宝看到学会与人恰当沟通、交涉就能得到积极的结果，为宝宝以后与人交往，自己处理和小朋友之间出现的问题，学会与小朋友沟通、共同商量确定游戏规则树立榜样、建立自信。

所以，爸爸妈妈教给孩子共同游戏时要遵守规则，是再正确不过的了。但不要一看到孩子遇到了麻烦，好像因此吃亏了，就放弃自己从前的立场；或是不理睬宝宝遇到问题后的感受，只是把一堆大道理告诉宝宝，让宝宝觉得遵守规则就会吃亏。爸爸妈妈除了告诉宝宝道理，还有一个重要的责任，那就是让孩子懂得，这个世界上的人有各种各样的想法和做法，并不都是和他一样的，也不都是正确的，需要他懂得坚持自己，并且要学会与别人沟通、商量、谈判！

八十一　宝宝就是不合群

有的宝宝上幼儿园很久了，却还是常常一个人玩，也不爱说话。回家问他，他自己也说“我想一个人玩”，或是“我想和他们玩，可他们都不理我”。

1. 寻找原因

其实，每个孩子都渴望有同龄的玩伴共同游戏。从另一方面讲，与同龄伙伴之间的交往，是孩子社会性发展和性格培养的必要条件。现在的宝宝多是独生子女，同伴交往就显得更加重要。所以，对于不合群的宝宝，爸爸妈妈和老师需要一起来找寻原因，并为他创造良好的环境条件，改善宝宝的性格和行为。

要想让宝宝变得合群，首先一定得搞清楚孩子不合群的原因。一般说来，造成现在的孩子不合群的原因，主要有以下几种：

① 宝宝习惯独自玩耍

当宝宝到两三岁开始产生结交小朋友的愿望时，家人怕宝宝太小不会和别人一起玩，或是担心宝宝受欺负等，没有给予充分的机会，去满足他与人交往的愿望。久而久之，宝宝习惯了独自玩耍，变得性格孤僻、不爱与人交流。

② 宝宝是独生子女，从小缺少与同龄伙伴交往的机会

现在独生子女多，家庭结构也越来越简单，孩子从小就缺少与同龄伙伴交往的机会，也就不懂得怎么交往。而家庭中的呵护和照顾，让宝宝根本没有受挫折、受打击的机会。上幼儿园以后，一旦在与小朋友的

交往中遇到困难或者受挫后，宝宝马上变得敏感、胆怯，缺乏再次尝试的勇气和信心，不敢再去和小伙伴交朋友。

③ 宝宝太“霸道”

有的宝宝一直被家人娇生惯养，形成自私任性、唯我独尊的性格后，总想“称王称霸”，不会友好地与同伴相处，弄得谁也不喜欢他、谁也不愿意和他玩。受到大家孤立的孩子只好自己玩。与家庭环境巨大的反差使孩子的心灵受到很大的打击，时间长了就形成了不合群的习惯，还可能因此变得逆反心理极强，并伴有攻击性行为出现，比如故意去和别人作对，或是故意去给别人搞破坏等，难免成为幼儿园里的问题孩子。

④ 宝宝性格内向

还有少数孩子，从小生活在家庭气氛沉闷、压抑的环境中，使孩子的性格内向、自卑，对他人缺乏信任感，甚至形成一定的心理障碍，自然就不喜欢与人交往。

2. 应对方案

对于不合群的孩子，做父母的首先应当培养孩子对他人信赖和与人交往的信心，并创造机会让孩子充分体验到与小伙伴共同游戏的快乐，激发孩子对与人交往的兴趣。进入幼儿园，是孩子开始广泛接触同龄伙伴的开始，他们与同龄伙伴相处时间也会大大增加，甚至会超过与家人相处的时间，如果利用得好，也是能够有效改变孩子不合群状况的一个机会。

从入园之初，爸爸妈妈就应该先与老师进行很好的沟通，把孩子的脾气秉性、兴趣爱好、平日的习惯及不合群的情况，都向老师做个原原本本的详细介绍，并向老师表达希望共同帮助孩子改善不合群问题的愿望，利用之前讲过的面试、开放日、家访等机会和入园最初几天的接触，让老师能有意识地观察宝宝的情况，尽量给予宝宝更多的关注，并尽可能多地与他接近、给他帮助。

在一个陌生的环境中，一个熟悉宝宝的脾气秉性、了解宝宝的兴趣喜好，又能给其很多帮助的人，会使宝宝容易在最短的时间内对老师亲近和信任起来。这就是一个很好的开端了！然后，可以请老师帮助在班里物色一个比较善于交往、性格随和开朗的小朋友和他接近，有意识地让他们成为各种游戏活动中比较固定的搭档。如果宝宝能与这个小伙伴自然相处了，自然就会从中体会到与同伴在一起的乐趣了，那么通往成功的路就在宝宝的面前展开了！

这时，爸爸妈妈和老师可以进一步鼓励宝宝去和更多的同伴交往。但只是鼓励，一定让宝宝按照他的想法自觉自愿地去尝试，而不要急于求成地去强迫他、要求他必须怎么做，以免因为宝宝还没有做好心理准备而产生逆反心理，或是一旦受挫又因为打击退回原地。老师可以再有意识地给宝宝原来的组合慢慢增加新的搭档，让宝宝自然而然地接受与更多的人共同玩耍、合作。

爸爸妈妈可以在周末带宝宝外出玩耍时，有意识地带他参加有多数小朋友一起参与的活动。也许，起初他只是在一旁看却不真的参加，爸爸妈妈也不要着急，要给宝宝观摩、准备和下决心的时间，等待他主动“出击”加入其中的那一天。

相信经过一段时间的努力，宝宝就可以建立对他人的信任感和与人交往的自信心，便可以和其他小朋友玩到一起了。

八十二　宝宝不愿意回答问题

幼儿园的课堂往往是很热闹的，但有的宝宝总是成为课堂上的旁观者，就是不爱举手回答问题。老师问他，也不回答。

语言表达是人际交往中最重要的方式和手段，表达能力的强弱往往会影响孩子的一生。因此，老师和爸爸妈妈都很重视孩子表达能力的培养。在幼儿园，老师一般会通过一问一答或同伴之间的交流互动来培养宝宝的表达能力。但有些宝宝在幼儿园从不主动举手回答问题，即使是老师点名提问他，也紧闭着小嘴巴不说话。

1. 寻找原因

① 宝宝性格偏内向、胆小

这种性格的孩子一般不够活泼，害羞胆小，也不爱多说话。即使面对老师的提问，也可能一言不发。

② 缺乏自信，害怕答错而不敢发言

其实，上幼儿园的宝宝心理发展都到了一定程度，大多思维活跃且有表现欲。面对老师的提问，宝宝未必真的不知道如何回答，有时候他不愿回答，可能是缺乏自信心，害怕答错后受到老师批评和其他小朋友嘲笑。所以，宁愿把嘴巴紧闭，觉得这样还安全点。尤其是曾经有过这样经历的孩子。

③ 没有理解老师的话或不知道如何组织语言

有的宝宝，尤其是男孩子，语言发展比较慢，不知道如何把自己的

想法表达出来。当遇到老师提问时，宝宝可能知道答案，很着急想表达，却又不知道该怎么说，所以干脆沉默到底。

2. 应对方案

① 对于内向、胆小的宝宝，要锻炼他的胆量并培养交流互动的兴趣

爸爸妈妈可以请老师配合，先安排宝宝参与一些不用说话就能完成的活动，比如帮老师擦桌子、帮老师发饼干、帮小朋友发水笔等，但这些活动一定要在全班小朋友面前完成；也可以有意识地请其他小朋友带动他一起活动，一起表演节目，慢慢让宝宝体会到获得成功和欣赏的喜悦，增加宝宝表现自己、展示自己的信心，锻炼出胆量。此外，为了培养孩子对交流的兴趣，爸爸妈妈要经常带宝宝外出游玩、参加聚会，多与其他小朋友一起玩，让宝宝变得更加活泼、开朗。

② 对于不自信的宝宝，最重要的是帮助他找回自信心

可以先在家里做些模拟活动，爸爸妈妈提问、宝宝回答，也可以让宝宝当小老师来教爸爸妈妈，并对宝宝的每一个出色表现、每一点进步给予鼓励；爸爸妈妈还可以提前和老师沟通，了解幼儿园教育活动的安排，先带宝宝在家预演一遍。这样，在宝宝有了准备的情况下，请老师在活动过程中邀请宝宝发言。对于孩子来说，这些问题都是他熟知的，就会大胆地回答了。有几次这样成功的经历，宝宝自然就恢复了信心。

③ 对于表达能力比较差的宝宝，要有意识地锻炼宝宝的说话能力

爸爸妈妈可以在家里随便聊一些轻松有趣的话题，吸引宝宝加入到谈话中来，鼓励宝宝发表自己的意见；还可以在给宝宝讲故事时，故意留一些宝宝很容易发现的漏洞或破绽，这时宝宝往往会问妈妈许多问题，妈妈回答宝宝疑问的同时，也可以用反问的方式，请宝宝想想并说说答案是什么。这样一问一答中，宝宝的思维能力和表达能力都得到了锻炼。

八十三 宝宝和别的小朋友吵架

宝宝因为搭积木和小朋友吵架！虽然老师说这只是偶然的，不让妈妈再批评他了，可和小朋友吵架总不是件好事吧?

1. 吵架的两面性

和小朋友吵架不是件好事，但也不一定就是件坏事。从儿童心理学的角度来看，儿童之间吵架被认为具有帮助发展儿童社会性的功能。因为，一方面，吵架可以使孩子清楚、自觉地了解到自己内心的愿望、需求和感受，并通过吵架来向他人表达、澄清；另一方面，通过吵架，他们也了解到对方的愿望、需求和感受，学会考虑与顾及他人的存在和立场，并且进行双方的相互交流、说服、协调，直至达成一致。所以，从礼貌和友好的角度讲，吵架是件坏事；但从儿童心理发展的角度讲，吵架也可以说是件好事。

2. 应对方案

爸爸妈妈不要一听到、看到宝宝和别人吵架就生气，并去批评、指责他。处理孩子们吵架，最重要的是用亲切的态度去对待双方，努力去营造明朗和公开的气氛，让孩子都能把自己的想法表达出来，并争取对方的认同，达成一致。无论在幼儿园还是在日常生活中，除非遇到前面讲过的娇惯任性、争强好胜、霸道不讲理的孩子和攻击性极强、动不动就动手打人的孩子，孩子之间吵架往往不需要分出对错，只是说明孩子的交往能力发展得还不够，还需要爸爸妈妈和老师去培养孩子的交往能力，去提高他们表达自己、说服别人的能力，并且学会倾听他人的想法，

懂得站在别人的角度为他人着想。

首先，应该为孩子提供交往的环境、交往的机会，并且教会孩子掌握最基本的礼貌用语和待人接物的基本礼仪；同时，在日常的游戏活动中，要给孩子提出要求，要求孩子们在共同游戏中按照确定的规则进行，不要争抢，不要破坏秩序，要学会谦让、分享、遵守。长此以往，同伴之间就会建立起一种和谐、亲密的关系。

其次，给宝宝了解自己内心意愿并表达自己的机会。爸爸妈妈不要认为宝宝年龄还小，就事事代他决定、代他动手，而应该征求宝宝的意见、耐心倾听宝宝的想法，让宝宝慢慢学会遇事自己拿主意、自己解决问题。爸爸妈妈能够耐心倾听宝宝，并鼓励他表达自己的意愿和需要，才能让宝宝学会在与别人相处时能考虑别人的存在、听取别人的意见。

还有，在发现孩子们有意见不一、无法达成共识而即将争吵起来的时候，爸爸妈妈和老师可以主动地介入其中。当然，爸爸妈妈和老师的角色不是要为孩子们做出判断，而是要能有效地制止事态发展、平静孩子们的情绪，然后引导孩子们用合适的方法解决问题。

比如，在孩子们稍事平静后，请他们分别说说自己的想法，帮助他们分析一下甲的想法对在哪里，又有哪些不妥当；乙的想法有哪方面看起来更容易操作，但要是吸取了甲说的哪个意见会使游戏更有意思……当宝宝们变得平心静气，并且能在成人的引导下很好地解决问题时，爸爸妈妈一定要及时给予表扬鼓励，进行正面的强化。

八十四　宝宝受不了老师的批评

每天放学都兴高采烈的宝宝，今天情绪不高，也不像平时那样和老师说再见了。原来因为今天老师发了10朵小红花，最后一个才发给他，他觉得老师不再喜欢他了。

1. 寻找原因

宝宝到了幼儿园之后，如果得到老师的关注和认可，就会很快对老师建立起信任感，这对于他适应幼儿园的生活是非常有好处的。同时，也有可能形成一种不利的情况——对于那些非常在意别人评价的孩子，或是比较争强好胜的孩子，他就会非常重视老师对待他的态度和做法。再加上现在的独生子女从小很少有机会接受挫折教育，无法接受一点点的打击。慢慢地，当老师表扬别的孩子时，他就不高兴，凡事都希望老师把他排在最前面，更别说当他有错误时老师批评他了，那更是无论如何也不能接受的。这就是我们平时说的“爱拔尖”。

2. “爱拔尖”的两面性

事物都有两面性。“爱拔尖”，从一方面讲，能促使孩子有上进心、有前进的动力，更加努力地去争取好成绩；从另一方面讲，这样的孩子往往只重视事物的结果而忽视过程，只看到自己的优点而不能面对自己的缺点，过分看重自己是否被别人认可，无法接受任何的挫折、失败，一旦被别人超过自信心就会受到颠覆性的打击。

所以，会出现这样的宝宝，只要老师没有把他放在第一位，就会觉得很受伤，认为是老师不再喜欢他、不再重视他了，而出现情绪低落、表现反常甚至性格大变的现象。

3. 应对方案

这样的孩子往往也是非常敏感的，所以要采取隐形的手段来帮助宝宝改善。从大的方面讲，从小爸爸妈妈就应该注意培养宝宝开朗乐观的性格，不要时时处处都轻易满足宝宝的要求，而要让宝宝有接受挫折教育的机会，磨炼他的意志力；平日里，要引导宝宝去发现别人的优点、长处，当宝宝有错误时要及时给他提示并督促他改正，以让宝宝明白“山外有山”的道理，从而从心理上逐渐纠正宝宝“爱拔尖”的状况。

当有这样的情况发生时，爸爸妈妈还应该与老师好好沟通一下。因为，在孩子的心目中，老师是绝对的权威，老师对于他的评价至关重要，老师的话对他的情绪的影响，远远大于来自家庭的影响。可以请老师不要一下子改变原来的做法，而在表扬小朋友时逐渐把他的排名向后移；还要请老师在适当的时候告诉他，老师还是和以前一样喜欢他，而且正是因为他表现好老师才会对他的要求更高。

比如，有的小朋友能自己吃饭了，就会被老师表扬，而老师希望他还能不把饭掉到桌子上，能帮助别的小朋友；还可以让宝宝负责帮助老师去发现某项活动中表现好的小朋友，从而让宝宝也学会去发现别人的优点……这样，可以强化宝宝“爱拔尖”的积极意义——有新的目标、更高的要求，并为此更加努力。

八十五　宝宝在家和在幼儿园判若两人

妈妈担心宝宝在幼儿园也像在家那么任性，可老师却说他在幼儿园和小朋友相处得挺好。为什么孩子在幼儿园和在家的表现截然不同呢？

1. 寻找原因

一般而言，孩子在幼儿园的表现都要比在家好些。

宝宝在幼儿园里过的是一种具有约束力的集体生活，老师的教育、管理更加公正、严格，对所有的孩子有统一的规定和要求；群体生活中，孩子们之间也在相互比较，每个孩子都希望在同伴和老师面前表现出自己好的一面，以得到同伴的肯定、友谊和老师的鼓励、表扬。再加上老师在孩子们心目中是权力、威严的象征，他们对老师的话更加敬畏、服从。所有这些，都导致孩子在幼儿园会比较听话。

孩子在家则不同了。家是他熟悉的环境，家人是他最亲近、最熟悉的人，从小长大的经验让他能更加了解家人对待他的态度，遇到各种情况可能的做法，并有他根据经验获得的应对方法。尤其是现在，一家子大人面对一个孩子，常常出现长辈教育理念和方法不同，有时虽然爸爸很严厉，但妈妈或是爷爷奶奶却总是站在宝宝一边的现象，形成在家宝宝说了算、大家都迁就他的状况。所以，宝宝在家就表现得比较自由散漫、没有规矩、娇惯任性。

要知道，孩子任性时家长态度如何，爸爸妈妈的教养方式是否得当，是否注意孩子日常行为规范的养成等，都是关系到孩子是否任性的重要原因。在独生子女为主的家庭结构下，很多孩子成为家庭的中心，想要什么就要什么，想怎样就怎样，缺乏行为规范和自我约束能力，必然会导致孩子任性；而随着人们居住条件的改善，出现了不少“高楼儿童”，这些孩子缺乏与同伴交往机会，经常是爸爸妈妈爷爷奶奶陪着，往往处处受到成人的迁就。在这种不平等的交往情景里，如果不能有意识地对孩子进行教育培养，孩子就会缺少互助、合作意识，缺乏谦让、自制的行为。

2. 应对方案

整体说来，在家任性是现在孩子普遍存在的问题。如果爸爸妈妈放任孩子的任性，就会影响他们的人际交往能力，还会影响他人包括同伴对他们的评价，并由此影响他们自我意识和社会性发展。所以，爸爸妈妈和家人要对任性的孩子进行积极的引导，帮助孩子克服这个缺点。

当孩子任性时，建议爸爸妈妈用以下方法试试。

① 想办法转移孩子的注意力

处于入园年龄的宝宝基本上都有注意力集中时间比较短的特点。爸爸妈妈可以利用宝宝的这一特点，想办法转移他的注意力，改变他的任性行为。比如，妈妈带宝宝去儿童乐园玩，到了该回家的时候，宝宝却说什么都不走。这时，如果妈妈说“我们回家吧”，宝宝肯定会很逆反地坚持要在儿童乐园玩。妈妈不妨换个方式，对宝宝说：“走啦，我们要去坐那个新的、红色的大汽车了。”宝宝的兴奋点会很自然地从儿童乐园转移到汽车上，带他坐上汽车回家也就容易了。

② 在情绪上表示理解，在行为上要坚持对宝宝的约束

比如，该吃饭了，宝宝忽然想起要吃妈妈没有做的小丸子。妈妈可以告诉宝宝：“妈妈知道宝宝最爱吃小丸子了！我们明天做吧。”如果宝宝因此任性生气而拒绝吃饭，即使家里有现成的小丸子，妈妈也不应该迁就宝宝现在就给他做，而要坚持已经答应宝宝的明天才做小丸子的承诺。即使宝宝继续闹，甚至真的饿一顿，也不要妥协，等宝宝感到饿了，他自然就会找食物吃。爸爸妈妈要让宝宝知道任性是不能解决问题的。

③ 采用暂时回避的方法

在宝宝因为不合理要求没有得到满足而纠缠不休、任性哭闹时，爸爸妈妈都暂时不去理睬他，假装没有看到、没有听到，该做什么就做什么。当宝宝感到任性哭闹的方法无效时，他自然就会停止。这时，爸爸妈妈可以再来和他分析一下，刚刚他的要求为什么不合理，爸爸妈妈为什么不答应。

④ 利用宝宝在幼儿园很听话这一契机

如果宝宝在幼儿园很听话，正是可以好好利用的契机。当宝宝受到老师的肯定和表扬后，爸爸妈妈可以趁机告诉他："宝宝真棒！我们很希望在家也看到你像在幼儿园一样听话。好不好呀？"如果宝宝在家又要任性耍脾气，可以让宝宝想想，如果他在幼儿园里这样做的话，老师和小朋友会怎么看？还会不会喜欢他了？

有时宝宝在家不肯做一些力所能及的事，就引导他想想在幼儿园自己是怎么做的；爸爸妈妈还可以利用老师的威信来帮助宝宝纠正在家的行为，如和老师说好每天在家也给宝宝贴小红星、画小红花，并且每周向老师汇报一次；当宝宝实在任性到爸爸妈妈无法控制时，也不妨用"老师说……"来教育引导孩子，但这个方法不宜用得过多，以免老师的权威性下降，宝宝也变得对这个权威不以为然了。

八十六　宝宝在幼儿园不服管

本来算是挺乖的一个孩子，不知道为什么突然变了。只要老师一批评他，就会顶嘴，甚至还会拍桌子、号啕大哭，根本不服老师管。

1. 寻找原因

如果宝宝以往很乖，突然变得爱和老师顶嘴了，而且情绪的变化、行为的反应很强烈，一定是有其原因的。无论是爸爸妈妈还是老师，都应该好好地找找原因。

首先，需要了解是不是有什么事，让宝宝觉得老师处理得不公平；或者，是不是正在他情绪不好、身体不舒服时，老师叫他做一件什么事，宝宝不愿意去或是做得不认真，而老师在不知道原因的情况下批评了他。这些都容易使宝宝对老师产生抵触的情绪。

其次，儿童总是在发展、变化之中的，有一段时间慢一点儿，又有一段时间快一点儿。随着宝宝年龄的增长，在幼儿园的阶段正是自我意识加强并快速发展的时候，他们会对于自我很在意、很敏感。当涉及自我的时候，比如两个小朋友冲突，而老师仅仅批评了她时，宝宝会有情绪波动大、反应非常强烈的表现。

最后，有的宝宝本来就个性强，像我们前面说过的那类争强好胜、“爱拔尖”的孩子，随着年龄增大，这方面的意识会越来越强。如果没能在爸爸妈妈和老师的帮助下进行及时的、有效的纠正，会越发禁不起挫折，一旦受到挫败，哪怕只是因为老师指出他一个单词没有读好，就会很难控制自己的情绪，表现为和老师顶嘴、拍桌子、哭闹等强烈的情绪反应。

2. 应对方案

针对这样的情况，除了之前我们讲过的对待任性孩子的纠正方法外，还需要爸爸妈妈和老师注意以下几点。

首先，要尊重这个阶段孩子自我意识发展的需要和年龄特点，在指出孩子的问题、错误时，注意方式、方法。比如，尽量不在很多小朋友面前批评孩子，以免伤害他的自尊心，而是在私下里、待他情绪稳定后再和他谈谈；对于宝宝不愿意说的事，比如和老师发脾气后，宝宝往往不会主动告诉家长，爸爸妈妈也不必勉强他说，可以在事情过去几天后，旁敲侧击地用说别人、讲故事的方式，提醒宝宝要尊重老师、懂礼貌。

其次，爸爸妈妈要与老师保持密切联系，了解宝宝在幼儿园发生了什么状况，并告诉老师宝宝回家后的表现和反应。如果宝宝愿意主动告诉爸爸妈妈他的想法，也要及时转告给老师。这样，可以较好地掌握宝宝的情绪变化，便于家园配合采取有效的措施。

如果真的是因为爸爸妈妈或老师在什么地方冤枉了宝宝，爸爸妈妈也可以和老师开诚布公地谈谈。我们相信，任何一个懂得儿童心理、对孩子负责的老师，都会在发现自己的错误后，找到适当的机会向孩子解释、道歉，并征得孩子的谅解。解铃还须系铃人，找到根源也就很容易找到解决问题的办法了。

八十七　因为受打击了而抵触幼儿园

宝宝前几天在幼儿园做游戏时不小心尿湿了裤子，让他觉得很难为情。第二天，另一位老师不知怎么又向他妈妈提起这件事。之后这些天，睡觉前宝宝总要起来好几次，说想尿尿，却一点也没有，或是一到幼儿园门前就说尿急，还总说不愿意上幼儿园了。

1. 寻找原因

从事情的过程看，虽然两位老师都告诉了妈妈宝宝尿裤子的事情，可能都未必是告状或批评孩子。但三四岁的宝宝，已经是自我意识很清楚、自尊心很强了，尽管尿裤子的事在这个年龄的孩子中也不算什么丢人的事情，老师的做法却还是在无意中伤害了宝宝的自尊心，让宝宝的心理受到打击、留下了阴影，并开始因此抵触上幼儿园了。

2. 应对方案

有的家长遇到这样的问题，会首先想到转园，离开这个给孩子留下阴影的地方。

现在，幼儿园很多，也有一些可以随时接受宝宝入园的地方，换家幼儿园应该不是难事。问题在于，首先，家长还要把选择幼儿园的工作重新做一次，考虑方方面面的因素才能找到合适的幼儿园；其次，且不说新选的幼儿园各方面条件是否优于以前的，但只要是换了幼儿园，宝宝就需要有一个重新熟悉、适应的过程。如果这些方面家长都考虑得很清楚了，各方面的条件也允许，那么换一换环境也是可以的。

如果选择一家更合适的幼儿园有困难，原来的幼儿园又的确有可取之处，而且宝宝已经适应并且在事情发生前很喜欢这个幼儿园，家长也完全可以通过和园长、老师的认真沟通，对宝宝做些工作，以消除宝宝心理的阴影，让宝宝重新喜欢上幼儿园。不过，一定要注意的是，所有与园长、老师的沟通工作，都应该背着宝宝去做，以免再次伤害宝宝的自尊心。

首先，可以找园长、老师坦率地谈一谈。先说说孩子喜欢上幼儿园的情况，再说说他最近的变化，特别要提到他尿裤子后，老师几次对家长说这件事，使他很难堪，感到自尊心受到很大的伤害。希望老师以后不要当孩子的面向家长谈论这类事，以免宝宝难堪。

其次，对宝宝进行思想工作。家长可以告诉宝宝，这件事情上他并没有做错什么，尿裤子在他这个年龄是很普遍的，尽量宽慰他、爱抚他；还可以请当事的老师配合一下，找个适当的机会向他道歉，告诉他以后保证不再当着别人的面说这样的事情，并在一段时间内给予宝宝特别的关注，随时注意他情绪的变化，设法引导宝宝把注意力更多地放到幼儿园各种丰富多彩的活动中去。只要家长和老师配合得好，相信很快就可以使宝宝忘掉这件不愉快的事情，重新喜欢上幼儿园。

如果发现宝宝已经因此有了一点强迫症的症状（即不想做的而又不得不做的行为，如不断想去尿尿），就要特别注意对他的开导方式，尽量避免提到比如像尿尿这样敏感的词语。当宝宝间隔不久又要求去厕所时（当然是家长有 80% 以上把握确定他并不是真的需要尿尿），可以用其他方式转移他的注意力，比如说“等妈妈给你讲完这个故事再去，行不行？”逐渐对此有所纠正。如果情况比较严重，就需要到医院去请教医生了，从心理和生理的角度给予适当的治疗。

八十八　在幼儿园只会自顾自玩

入园很久的宝宝好像总是不能跟着老师的节奏上课，常常别人上课，他就玩自己的。

1．寻找原因

孩子进入幼儿园，对他来说，是一个重大的环境转变，从一个熟悉而舒适的环境转到陌生的环境，这对宝宝的生活和心理提出了新的要求。尤其是年龄比较小的孩子，因为心智发育程度的限制，他们的思想和身体还未完全转变，他们并不明白在幼儿园就应该懂得集体生活的规则，要按照幼儿园的要求上课、做操等，而是还习惯像在家里一样，想干什么就干什么。

还有些孩子，因为以往家里是祖辈或保姆来照顾的，过分的娇宠使他们在家就像小皇帝、小公主一样，全家人都围着他一个人转，完全只按照自己的想法行事，根本没有形成集体活动中要遵守规则、遵守纪律的意识，也会出现脱离集体、自顾自的现象。

2．应对方案

在准备入园之前，爸爸妈妈就应该向宝宝介绍幼儿园的情况，告诉宝宝上幼儿园不仅可以认识许多小朋友，还可以和大家一起跟着老师做游戏、上课、学知识。所以，不能自己想干什么就干什么，而是要和小朋友一起听从老师的指挥，该做操就要去操场，该上课就要坐在椅子上，并给他看图画书、动画片中的情节，让他了解应该怎么做，并建立一个意识：在幼儿园和在家不一样，上课和下课不一样。

不过，好动是孩子的天性。如果宝宝上了幼儿园以后，还是喜欢一个人乱跑，不能跟随幼儿园的集体行动，也不用过于着急、紧张，更不要用恐吓、打骂的方式来教育。在很多情况下，这只会适得其反，让孩子在课堂上变本加厉地乱跑，如此僵持下去，于事无补，还会使亲子关系恶化。

当发现宝宝的问题后，爸爸妈妈要做的是逐渐让宝宝能够精力集中、坐住一段时间，从短到长，慢慢达到幼儿园一节课的时间。每天晚上在家，爸爸妈妈不妨和宝宝玩模仿上课的游戏，或是和孩子一起玩橡皮泥，进行比赛；请孩子坐好，讲一些故事给他听；吃完饭，和孩子一起坐到桌子边搭积木；教孩子画画、和孩子一起看电视等，每次都尽量让宝宝能坐住 10 ~ 20 分钟。这虽然只是一些简单的事情，但爸爸妈妈一定要持之以恒。一段时间以后，就会发现，宝宝有了时间的概念，并能坚持在一定的时间里静下来做一件事。

另外，爸爸妈妈还要坚持每天和老师取得联系，询问孩子的表现，但一定注意尽量不要当着孩子的面询问。孩子是聪明、敏感的，如果爸爸妈妈当着他或其他小朋友的面向老师询问他的表现，孩子难免会有种错觉——认为自己是表现不好的孩子。而当孩子的确取得了进步时，无论老师还是爸爸妈妈，对孩子进行表扬都是不可缺少的。

八十九 好像听不懂老师的话、反应慢

老师上课提问时，别的宝宝都叽叽喳喳地急着说出答案，但也有个别孩子，即使专门问到他头上，也常常一副没有反应的样子，好像根本没有听懂老师说什么。

1. 宝宝记忆不完整

其实，有的孩子在家里大人跟他说话时也会这样，只不过爸爸妈妈没有注意到这些细节，或者是还没等宝宝回应就去忙别的事情了，认为宝宝是个慢性子，反正他不回答爸爸妈妈也能明白他的想法，也就不再追问。而幼儿园的教育要正规很多，老师在教育教学活动中要通过宝宝回答问题等方式了解宝宝学会了多少、理解了多少，这个问题就容易被老师发现了，并反馈到爸爸妈妈那里。

遇到这种情况，爸爸妈妈也不要太着急。这是由于宝宝年龄较小，记忆还不够精确、不够完整造成的。这个年龄的宝宝，记忆常常是支离破碎、主次不分的，而年龄越小，这种情况就越明显。他们经常只能听懂并记住爸爸妈妈或老师所说的话中一些他们感兴趣的部分。

比如，在教宝宝背儿歌时，起初宝宝只能重复其中一些单字、单词，而不是整首儿歌；宝宝学唱歌时，常常只能记住其中的几句；给他们讲一个故事，他能记住里面的小白兔，却不一定记得住小绵羊，因为家里曾经养过一只小兔子……所以，宝宝在幼儿园听老师讲课或提要求时，就会有不能完整地记住老师的话、不理解老师的要求的现象。

但问题总要想办法解决。在这一段时间里，爸爸妈妈最好每天晚上多抽出一点时间来陪陪孩子，采取机械识记这种适合宝宝年龄的方法，

来培养孩子的记性。所谓机械识记，就是通过不断地重复，让宝宝学会对听到的故事、情节加以记忆。

比如，在讲故事给宝宝听的时候，第一遍速度放慢一点儿，然后让宝宝说说故事里有哪些情节，看看宝宝能听懂、记住多少；讲第二遍的时候，可以提一些简单的问题，引导宝宝有意识地记忆；讲第三遍的时候，再一次按照故事的顺序提问，即使宝宝不能回答出来，爸爸妈妈也把答案告诉他。第二天，再来讲这个故事时，可以鼓励宝宝和你一起讲，凡是宝宝记住的地方，让他讲给你听。第三天，爸爸妈妈和宝宝分别讲，看看谁记住的多、谁讲得好……这样，就可以首先达到培养宝宝记忆力的目的，让宝宝能够记住别人说的话，才可能进一步理解别人的话。

2. 宝宝不理解成人的话

宝宝没有记住某些事情、不理解老师或爸爸妈妈说的话，还有一种可能是因为他根本不了解为什么要记，也不知道应该记住什么，听就听了根本没有认真去记。宝宝的认知能力、理解能力都还有限，对于抽象的东西更不能很好地理解，所以无论是老师还是爸爸妈妈，在对宝宝讲述事情、提要求时，一定要具体化。比如，不要简单地说“把玩具收拾好”，而要说“把玩具装进盒子里”，宝宝就会更容易根据你的要求去做了。

九十　宝宝口吐脏字

妈妈发现，和宝宝一起玩耍的小朋友说话常常一张嘴就吐脏字。这太可怕了，如果让自家宝宝学来这样的不良习惯，可就麻烦了。

1. 寻找原因

幼儿园的生活环境给孩子们提供了充分使用语言的机会：请求老师帮助要用语言、和小朋友交流要用语言、上课回答问题还要用语言。同时，幼儿园也提供了丰富的语言学习环境：老师会有计划地带着孩子们学儿歌、背童谣，鼓励宝宝自己编句子、讲故事等。再加上每个宝宝的语言都带有各自家庭的特色，这些都是很强烈的语言刺激，让每个孩子在不知不觉中练习和提高了自己的语言能力，并对所有的新词汇产生了特别的敏感。

然而，对孩子来说，他不知道说脏话是没有教养、没有礼貌的，甚至根本不懂这些话的意思，只是听到别人说了这些“新词汇”，他就学来了并把它用上了。因此，这并不代表孩子学坏了，爸爸妈妈也不必一听到孩子讲脏话，就大惊失色地制止。这种训斥的结果会与爸爸妈妈的期望恰恰相反——孩子因为你对他的“新词汇”表现出的强烈反应，更增加了他使用“新词汇”的兴趣。

2. 应对方法

① 忽略

一般来说，宝宝在幼儿园里学到新的词汇，都会急于想把自己的新成就展示给爸爸妈妈，并希望得到爸爸妈妈的回应，只要能引起爸爸妈妈的注意，无论是表扬还是批评，孩子的目的就达到了，就会把这个“新词汇”用到各个可能的地方。所以，当宝宝说脏话时，爸爸妈妈最好的办法就是不理不睬。这种忽略的态度，会使宝宝感觉这个词没劲、没意思，爸爸妈妈理都不理我。慢慢地，自己就不说了。

② 厌恶疗法

这是个反其道而行之的办法。举个例子，就算宝宝最喜欢吃薯条，天天顿顿带他去麦当劳，每次给他吃薯条吃个饱。别说一两个星期了，就是三天估计宝宝就反胃了，从此不再想吃了。同样的道理，如果宝宝老说那些脏字，并以为是很有趣的话，爸爸妈妈就可以要求他连续说、中间不许有停顿，看看他能说多久，即使在他说的过程中实在不想说了，还要他坚持说……这样，宝宝自己也会觉得无聊而且痛苦，也就不会自讨苦吃说脏字了。

九十一　宝宝的“节后综合征”

十一假期结束了，可宝宝却说什么也不愿意上幼儿园了，在地上又哭又闹，好话说尽一点用也没有。这就是宝宝患了“节后综合征”的表现。

十一长假过后，宝宝又该上幼儿园了。可是，不少宝宝似乎又回到了刚刚入园时的模样，哭着闹着不愿意重回幼儿园，舍不得和爸爸妈妈分开，再次出现分离焦虑；还有的宝宝虽然能去上幼儿园，但早上叫不起来，一整天看上去无精打采的，干什么都提不起精神来；或者，又添了许多新毛病，比如说上课坐不住，挑食厌食、不爱吃饭，中午不睡觉，等等。

这些都是宝宝“节后综合征”的表现，让爸爸妈妈头疼不已。究其原因只有一个，长假休息打乱了宝宝平日里的生物钟和生活习惯。如果爸爸妈妈能在长假期间注意起居饮食和活动安排，能在长假结束前及时调整好宝宝的状态，就能减少或避免这些问题的发生。

1. 尽量保持良好的生活习惯

假期中，宝宝可能随爸爸妈妈走亲访友，外出旅游，或是沉迷于看电视或其他娱乐，生活肯定不会像平时一样规律。这时，爸爸妈妈首先要树立起一个规则概念，尽量按照宝宝的生活习惯来安排作息时间、出行计划，不要没有节制地起居无时，以免宝宝的生物钟过度紊乱，无法调整过来。

其次，在假期中家宴、应酬不断，爸爸妈妈也会满足宝宝的要求带他们去喜欢的麦当劳、肯德基。但要注意，所食过多过杂或是常吃快餐食品，常会出现肠胃功能紊乱，导致神经性厌食等现象。所以，爸爸妈妈不能一味纵容宝宝，要适可而止，尽量为宝宝提供健康、营养的食物，并争取按时按量进餐。

2. 提前告知，及时调节心理落差

在上班前两天，爸爸妈妈要给宝宝打“预防针”，告诉他们假期快要结束了，大人要开始上班了，他也要开始上幼儿园了。如果外出旅游，最好能提前一两天返回，尽量把作息时间调整回正常的习惯。这样，宝宝就得到了心理暗示，接受应该回到幼儿园的事实，也有利于快速适应节后的新生活。

3. 轻松化解再入园的焦虑

假期里，宝宝可能整天和爸爸妈妈黏在一起，因此，节后再次出现分离焦虑是“节后综合征”的最大症状之一。为了避免宝宝再次出现分离焦虑，上班前两天爸爸妈妈可以有意识地增加宝宝独自活动、玩耍的机会，适当拉开宝宝和爸爸妈妈的“距离”；也可以和宝宝一起回忆他在幼儿园的好朋友，以及在幼儿园时轻松快乐的好时光，勾起宝宝对幼儿园的向往；还可以帮他准备一些送给小朋友的礼物，比如一罐糖果或外出旅游带回来的纪念品，无形中宝宝还会期待上幼儿园。

九十二　宝宝被老师“惩罚”了

宝宝回家就哭，问他也不说话。妈妈赶紧给老师打电话，才知道是因为他犯错误被老师“罚”了……

俗话说，人无完人，宝宝在幼儿园中也会出现违反纪律、与同伴小朋友发生矛盾等一系列小问题。为了更好地树立规则意识、管理好班级秩序，对于犯错误的宝宝，老师也会采取一些方法来“惩罚”他。

1．老师常用这些方法“惩罚”犯错的宝宝

针对宝宝违反课堂纪律的情况，老师常会采用请宝宝站一会儿，或者在活动结束后占用宝宝游戏的时间找他谈话的方式，让宝宝了解违反课堂纪律是件非常不好的事。

有的宝宝喜欢在任何场合表现自己、引起大家的注意，导致正常的活动秩序被打乱。遇到这种情况，老师常尝试采用不予理睬、冷淡他的方法。多次尝试失败后，宝宝会觉得无趣、没有意思而停止这种行为。通常，老师不会大声训斥宝宝，因为这样做不仅不能制止宝宝的不良行为，反而可能会让他因为引起注意而得意，或是激发他的逆反心理。

对于在户外活动时喜欢追跑打闹可能出现危险的宝宝，老师常采取强行停止宝宝的游戏，请他“休息”，看着小朋友玩的方式来让宝宝安静，让宝宝知道这样做是危险的、不对的。

针对打人、骂人、推人、踢人、抢别人的东西等有攻击行为的宝宝，老师会立即制止他，并尽量采取“冷处理”。比如，在一段时间内不理他，让他坐在一边或另一间屋子里，冷静一会儿，思过、反省自己是不是错了。

不过，不理睬孩子的方法，是一种特别敏感的“惩罚”方法，需要

有时间的限制；同时，老师应该把“一边”或“另一间屋子”都安排在自己的视线范围之内，避免宝宝发生意外。

2. 得知宝宝被“惩罚”后，爸爸妈妈的理智做法

爸爸妈妈听到孩子被“惩罚”后，往往会觉得心疼、不开心，甚至可能有些承受不了、想找老师去理论……但理智的做法应该是这样的：

① 爸爸妈妈要冷静下来，认真了解事情的经过

爸爸妈妈可以先听宝宝说说是怎么回事，问问宝宝他是不是真的犯了错误。如果符合事实，老师的“惩罚”恰当，宝宝的不良情绪很快过去了，就不要再提这件事了；如果宝宝说不清是怎么回事，可以进一步向老师了解当时的情况。如果老师的责罚并不过分的话，作为家长应该理解、支持和配合老师的工作，为宝宝树立遵守纪律、遵守规则的观念。

② 做好孩子的思想工作，不要在孩子心中留下阴影

每个孩子受到“惩罚”后，在心里都会或多或少地留下不好的印象。如果老师的处理得当的话，爸爸妈妈所要做的，就是让孩子明白做错事受到合理的惩罚是应该的，告诉他只要以后不再犯错，无论是老师还是爸爸妈妈都会喜欢他、爱他；如果老师的处理不很妥当，或者对于一些内向、心事重的孩子，一方面，要抚慰孩子的情绪，告诉他犯错误不要紧，只要改了，下次不犯就是了；另一方面，要和老师做好沟通，请老师下次注意调整方式，或请老师配合抚慰孩子，以缓解孩子的心理压力。

特别提醒一点，无论怎样都不要在孩子面前批评、谴责老师，这样不仅不利于缓解孩子的情绪，反而让孩子对老师、幼儿园产生敌对情绪，影响孩子在幼儿园的生活和学习。

③ 爸爸妈妈要学会分辨宝宝的情绪和用意

有时，宝宝由于某些原因不想上幼儿园时，也可能会用“老师惩罚我了，我不喜欢幼儿园了”当理由。爸爸妈妈要学会分辨宝宝的情绪和

用意，遇到这种情况时，要让宝宝叙述事情经过，或者告诉宝宝“我们回去问问老师有没有这么回事”，通常就能发现问题。如果只是偶尔一次两次，不一定非要戳穿宝宝的心思，只要坚持让宝宝照常上幼儿园就是了；如果的确发现宝宝撒谎，或是多次出现这样的情况，就需要戳穿他，并告诫宝宝撒谎是非常不好的行为，必要时也可以给予适当的惩罚，纠正宝宝的不良行为。

当然，也不排除老师的“惩罚”不合理、过分，属于体罚，甚至给宝宝带来身体和心灵伤害的情况。这时，就需要爸爸妈妈在了解事实、冷静情绪后，通过正常的渠道去解决问题。比如，直接找老师沟通，找幼儿园领导反映问题、解决问题，甚至付诸行政或法律手段。但切记，千万不要有急躁情绪和采取生硬的办法，那样对解决问题无济于事，还可能给宝宝的心理带来不利的影响。

九十三　宝宝被老师冤枉了

一向喜欢幼儿园的宝宝放学回家后却闷闷不乐的，嘴里一个劲儿地嘟囔着老师冤枉他了、不去幼儿园了。看来，这次也许真不是他的错。

幼儿园老师每天面对一个班那么多不同性格、能力的孩子，要完成各类幼教任务，还要关注孩子的吃喝拉撒睡及安全等问题，其工作的繁杂、琐碎可想而知，在工作中难免会出现遇到烦躁、情绪失控等一些问题，甚至错怪、冤枉了孩子。遇到这样的情况，爸爸妈妈应该怎么做呢？

1．安抚宝宝的情绪

当孩子被老师“冤枉”后，往往会很委屈，情绪外露的宝宝会哭闹、向爸爸妈妈诉苦、抵触上幼儿园等，内向的宝宝则有可能只是闷闷不乐、精神萎靡或是默默地掉眼泪……不论表现如何，爸爸妈妈一旦发现宝宝的不正常，先要做的就是安抚，帮助宝宝梳理情绪。比如，把宝宝抱在怀里，让他哭一会儿，发泄发泄不满；也可以告诉他，“我们知道你心里很难受，能跟我们说说吗……”总之，用一切可能的方式让宝宝宣泄出不良的情绪。

2．向宝宝了解事情的来龙去脉

在宝宝的情绪稳定后，爸爸妈妈要耐心地询问宝宝发生的事情，耐心地听完宝宝的讲述。如果宝宝不愿讲，或者讲不明白，爸爸妈妈也不要强迫，更不要当着宝宝的面指责老师。冷静、克制，是解决问题最好的基础。

3．要及时和老师沟通，了解、核实情况

爸爸妈妈可以找一个合适的时间和老师面谈，对于难以启齿的事情

也可以采取其他方式与老师交流沟通，比如网络、家园联系册、老师信箱、电话、微信等。当然，无论用什么方法，都要调整自己的情绪、注意态度和措辞，不要因为听了宝宝的讲述而先入为主，要本着相互理解、相互信任的原则进行沟通。

如果宝宝确实被老师冤枉了，爸爸妈妈要尽量克制自己的不良情绪，向老师澄清事实、解除误会。一方面，要肯定宝宝的行为，告诉他没有做错，的确是老师的失误；告诉宝宝，老师也会有犯错的时候，就像宝宝会犯错一样，但老师仍然是爱他的，请宝宝原谅老师；另一方面，也可以要求老师向宝宝表示歉意、承认自己的失误，这会让宝宝更容易走出这个阴影，彻底放下思想包袱。

4. 教给宝宝处理类似问题的技巧

对于大一些的宝宝，当这个波折过去了，宝宝情绪恢复并重回幼儿园开开心心地学习后，爸爸妈妈还可以找到适当的机会教给宝宝处理类似问题的技巧。比如，应该怎样向老师说明情况、表达自己，让宝宝学会自己解决问题。

九十四　宝宝说“我不喜欢老师”

宝宝上中班，换了新老师。可宝宝回家说“我不喜欢新来的孔老师，因为她比小班的欣欣老师凶……”

爸爸妈妈都希望宝宝能和老师融洽又亲密地相处，在幼儿园开开心心地学习。可如果宝宝屡屡说“不喜欢老师”而情绪低落、不愿上幼儿园时，爸爸妈妈肯定会郁闷着急。不过，光着急没有用，不如冷静分析一下原因，有的放矢地创造条件改变现状。

宝宝“不喜欢老师”了，一般不外乎几种情况：宝宝刚入园时，对老师有抵触情绪；有的宝宝开始挺喜欢老师的，某一天突然就不喜欢了；因为升班、调班，带班老师换了，宝宝不喜欢新老师了。原因不同，也会有不同的应对之策。

1. 入园时就不喜欢老师

分析：

一般是分离焦虑所致。一方面，刚入园的孩子对爸爸妈妈有很强的依赖性，上了幼儿园后，面对陌生的老师，他们会产生惶恐、不安的心理；另一方面，有些家庭教育存在误区，爸爸妈妈在孩子不听话时，拿幼儿园和老师来吓唬孩子，会让孩子感觉到老师很严厉，从而产生抵触、抗拒心理。

对策：

尽快让宝宝和老师熟悉起来。入园前通过到园参观或家访，让宝宝认识老师；初入园的一段时间内，爸爸妈妈每天要亲手把宝宝交给老师，还可以让老师抱一抱、亲一亲宝宝，增强孩子与老师的亲近感；利用接送孩子的机会，尽量当着孩子的面与老师多交流，介绍宝宝的情况、肯定宝宝的优点，让孩子感觉老师就像家里人或亲朋好友一样，让宝宝对老师产生信任感。当宝宝渐渐和老师熟悉了，这个问题也就解决了。特别需要提醒的是，一定不要拿幼儿园和老师来威胁孩子，以免宝宝对幼儿园及老师有抵触心理。

2. 突然间不喜欢老师

分析：

如果孩子一直和老师相处很好，哪天突然间和老师闹僵了、说不喜欢老师了，肯定事出有因。此时，爸爸妈妈要密切关注他在幼儿园和在家中的行为的差异，想办法弄明白是什么事情让宝宝有了这样的反应，是他受到了不公正的待遇，或是被老师批评了、和老师闹别扭了……并与老师及时沟通。

对策：

爸爸妈妈需要以一个公正的角度去看待老师和孩子之间出现的问题，一方面，要允许宝宝倾诉心里的想法，和宝宝好好沟通；另一方面，也要诚恳地和老师沟通，弄清事情的经过、老师的想法和处理方法，也要让老师了解宝宝的心理感受等。毕竟宝宝每天都要在幼儿园与老师共同生活，做好“调解”工作，在宝宝和老师中间建立和谐、信任的关系非常重要。

3. 升班、调班不喜欢新老师

分析：

宝宝升班或调班后，换了新老师。新老师的性格、气质、习惯、教育方法，以及对宝宝的态度上可能和以前的老师不一样，老师和宝宝互不熟悉，互不了解，对宝宝关注度不够等，这都可能造成宝宝不喜欢老师。

对策：

当换了一个新老师后，老师和宝宝都需要有一个互相了解、适应的过程，起初的隔膜是在所难免的。和初入园时一样，爸爸妈妈要想办法让宝宝和老师尽快熟悉起来，告诉宝宝新老师和原来的老师一样会很爱宝宝的。一段时间的相处后，宝宝的情况会有所好转。

如果是因为新老师对宝宝的关注度不如原来的老师，一方面，可以鼓励宝宝主动介绍自己、多展示自己，让老师尽快熟悉他、发现他；另一方面，可以与老师进行沟通，请老师在日常教学和活动中多提问宝宝、多和宝宝聊聊天、多安排宝宝做些力所能及的工作，让宝宝体会到新老师一样喜欢他、重视他。

总之，和谐的师生关系对宝宝的健康成长非常重要，而爸爸妈妈应该是构建良好师生关系的桥梁。

九十五　宝宝说老师不让喝水、上厕所

宝宝回家告诉妈妈，下午有小朋友说渴了，老师不让去喝水……妈妈一听，心里直犯嘀咕，真会这样吗？

众所周知，上厕所、喝水都是正常的生理需要，幼儿园不应限制孩子们什么时候喝水、上厕所。但幼儿园是孩子走入社会的第一步，为了培养孩子在集体生活中的规则意识和能力，幼儿园的作息时间都有统一的安排，老师会要求孩子跟上大家的节奏和步调。当然，即使有些孩子做不到，老师也不应强制阻止孩子喝水、上厕所。

但有些情况下，老师可能不会随便答应孩子喝水和上厕所之类的要求。比如，集体饮水的时间到了，有的孩子不愿喝水，而把水洒在地上，或者背着老师偷偷把水倒掉。可刚刚要开始上课了，宝宝又闹着要喝水；还有的宝宝在家里喝惯了果汁和饮料，到了幼儿园不喜欢喝白开水，但又的确口渴，就会要求喝水，给他了却又不好好喝，拿着杯子玩或者还会偷偷把水倒掉；还有的宝宝，明明刚刚喝完水或者上完厕所，可一听到别的小朋友要去，就也跟着学，起着哄要去；有的宝宝，因为不愿意上课、坐不住，虽然上课前、游戏前刚刚上过厕所，没过几分钟又要去，但跑到厕所，并不是真正便便；或者大家刚刚躺下午睡，就有宝宝为了不愿意睡觉，吵着要上厕所影响大家，也可能会被老师严厉制止。

因此，当宝宝回家说到这些情况时，爸爸妈妈最理智的做法就是和幼儿园老师多沟通，全面地了解情况。如果是因为上面说到的情况，宝宝不太能与幼儿园的统一生活节奏一致，爸爸妈妈应该向宝宝提出希望，让他按照老师的要求去做；如果是宝宝因为只喝果汁等生活习惯方面的问题，还应该从在家里开始进行纠正；如果确实是因为宝宝的能力、习

惯等暂时无法跟上幼儿园的统一步调，也应该向老师解释情况，让老师给予一些特别的照顾，慢慢帮助孩子进步。

不过，一旦遇到老师用不让喝水、上厕所等方法惩罚或吓唬孩子，爸爸妈妈还是需要通过正常的手段，向老师提出自己的意见，或在必要时向园长等相关人员反映情况，以免影响宝宝的健康。

九十六　宝宝说老师吓唬他

宝宝回家后对妈妈说，老师明天不让我上幼儿园了……老师怎么能这样吓唬孩子呢?

“你再不听话，我就打电话告诉你妈妈打你。”“你要是再捣蛋，明天就别来幼儿园了。”……面对十分淘气捣蛋的孩子，老师也有没辙的时候。如果老师在气头上，说了不该说的话，吓唬了宝宝，爸爸妈妈该怎样对待呢?

1. 安抚宝宝的情绪

不管出于什么原因，老师都不该说这样的话，不该这样吓唬宝宝。此刻，爸爸妈妈首先要做的是安慰心灵受伤的宝宝。因为宝宝的性格、气质各有不同，有的宝宝开朗、外向，老师说的一两句吓唬的话，对他来说只起到一点点威慑作用，转眼就忘记了。但有的宝宝胆小、心思重，对老师说的每一句话都非常在意，这样不恰当的话可能会对宝宝造成伤害，甚至留下心理阴影。

这时，爸爸妈妈就需要疏导宝宝的情绪，告诉宝宝老师是因为着急生气才那样说的，老师也有说错话、做错事的时候，但并不代表老师真实的想法，老师还是喜欢宝宝去幼儿园的。但也要让宝宝知道，不遵守纪律、调皮捣蛋是不对的。

2. 理性对待很重要

孩子都是父母的宝，父母把孩子交给老师，对老师寄予了很高的期望，希望宝宝得到很好的教育和照顾。作为老师，自然应当尽心尽力去照顾和教育好宝宝，但在现实教育过程中，面对几十个个性各异、充满活力又缺乏自制力的孩子，老师难免会力不从心，工作中也会出现一些失误，比如说了吓唬宝宝的话。

如果只是偶尔的、一般性的吓唬，爸爸妈妈其实大可不必放在心上，因为人往往会选择性地记住一些开心的信息，宝宝很快就会忘掉；如果情节比较严重时，爸爸妈妈就有必要和老师进行沟通了，可以说明孩子的情况，委婉地提出自己的建议，希望老师说话注意技巧等，但也不要咄咄逼人、情绪过激。

对于有些宝宝来说，老师的极端言论和做法会给孩子终身留下心理阴影。所以，作为老师的确应该谨言慎行，不能为了教育、管理而恫吓孩子。当然，如果老师的素质确实不高，抱着“吓唬孩子是一种正常教育理念”的观点，家长就有必要和园方沟通了，毕竟宝宝年幼，绝不能这样吓大。

此外，在和园方沟通前，爸爸妈妈一定要彻底调查清楚事情的来龙去脉，以免冤枉老师，并本着解决问题、共同教育的原则。一旦老师能真正意识到自己的失误，改变管理技巧，家长也不要苛责老师。

九十七　宝宝在幼儿园喜欢“斗富”

刚给宝宝买的变形金刚就被他丢在一边，吵着要买最新款，说是同班的小朋友就有一个那样的。小小年纪，怎么就知道攀比了呢？

“我爸爸有三部手机。”“三部手机算什么，我家有三套房呢。”“我家还有 SUV 呢！”“我家的是奥迪……”孩子们也开始“斗富”了。而他们斗富的内容，小至衣服、玩具，大至房子、汽车品牌，无所不包。对于“斗富”这种攀比游戏，许多孩子都乐此不疲，比胜的得意扬扬，比输的则情绪低落。爸爸妈妈可能会对此颇觉无奈，那么究竟是什么原因滋生了宝宝的攀比之风呢？

1．寻找原因

① 有一定的心理基础

教育专家认为，爱攀比是学龄前儿童在这个特殊时期的特殊表现，从某种程度上说，“斗富”等攀比行为也是孩子爱争强好胜的表现，因为不加掩饰，往往自然而然地流露出来。幼儿天真幼稚的天性可以说是攀比的心理基础。

② 与爸爸妈妈的价值取向有关

孩子攀比心理的形成与身边的成人，尤其是爸爸妈妈等最亲近的人的价值取向息息相关。如果爸爸妈妈虚荣心强、爱攀比，那么孩子就很容易从爸爸妈妈的一言一行中受到影响。如果妈妈经常说“谁家的房子很漂亮”，爸爸说“谁家有钱开大奔”等，那宝宝就会简单地重复成人的话，模仿成人的语气去评价自己和他人。

③ 老师某些评价的影响

上幼儿园后，老师在孩子心中的地位有时比爸爸妈妈还要高，老师的表扬无疑是孩子们最想得到的，于是，老师的评价也会促使孩子形成攀比心理。比如，老师说“今天谁的衣服真漂亮”“谁带的玩具最好玩”等，无形中，就会“引导”孩子们去攀比这些方面。

此外，爸爸妈妈的娇惯，对孩子提出的要求无条件地满足，以及社会大环境的不良影响等，也都会助长孩子们攀比心理的养成。

2. 应对方案

① 对孩子的行为进行正确的引导

前面说过，孩子的攀比心理是学龄前儿童在特殊时期的特殊表现，是心理发展特点的正常表现，所以爸爸妈妈对孩子的攀比心理不能一味打压，而要用正确的教育方法把握尺度，进行正确的引导，保护其童心。例如，幼儿刚上幼儿园怕陌生人、新环境，不愿上学，爸爸妈妈就可采取买与小朋友同样的书包来鼓励其上幼儿园；遇到宝宝攀比谁的玩具高级、昂贵时，转而引导宝宝去比谁画的画更好、谁的床铺收拾得更整齐，把攀比转移到鼓励向上的角度。

② 从小培养孩子树立正确的人生观、价值观

爸爸妈妈和老师要从小培养幼儿正确的人生观、价值观。成人的一举一动都会给孩子留下深刻的影响，都会成为孩子学习的榜样。因此，作为父母、老师应从自身做起，自己不要存在着攀比的心理，更不要在宝宝面前随便评价别人、品头论足，时刻为幼儿做出表率。

③ 运用合理的方法来处理攀比问题

爸爸妈妈和老师也要运用合理的方法来处理攀比问题。平日里对孩子的表扬、称赞，应该集中体现在谁上课表现好、谁最爱劳动、谁最爱帮助别人、谁最懂礼貌等良好行为上，避免对衣着、玩具、用品等物质、

财富的东西表现出羡慕、期待，这将会有利于养成宝宝良好的个性品质，有助于形成正确的价值观。

另外，除了以上教育方法，爸爸妈妈还不要过分溺爱孩子，不要孩子要什么给什么，无限制地满足孩子的物质需求。否则，很容易养成宝宝过度以自我为中心的心理，很容易造成攀比惯性，不利于幼儿心理健康的发育。

九十八　选择合适的兴趣班

幼儿园常常会在课后或者宝宝在园的自由活动时间开办一些兴趣班，看到别的小朋友上这个班上那个班，自家的宝宝该选哪个合适呢？

而今，兴趣班的种类颇多，常见的包括钢琴班、绘画班、舞蹈班、英语班、朗诵班、轮滑班、思维训练班等，让家长眼花缭乱、无所适从。所以，如何选择适合孩子的，同时孩子也真正感兴趣的兴趣班，是非常重要的。

1．报班前，家长要摆正心态

参加兴趣班，是为了发展和培养宝宝的兴趣爱好，提高宝宝各方面的能力。当然，也可以陶冶孩子的性情、获得一技之长，交到更多志同道合的小朋友，弥补孩子的某些弱点等。许多家长都是抱着这些良好的愿望给宝宝报兴趣班的。

但也有些家长给孩子报班的功利性极强，比如为了升学、为了炫耀才能，或者是单纯地想将父母的愿望投射到孩子身上。这种态度是极不可取的，因为急功近利的后果很可能会让孩子产生厌学情绪，久而久之，孩子还会失去对家长的信任。所以，报班之前，家长一定要摆正心态。

2．如何选择兴趣班

所谓兴趣班，自然是为培养兴趣设立的，因而考虑孩子的爱好是第一原则。聪明的家长往往很早就观察宝宝的性格特征和爱好，比如有的宝宝最爱的游戏是拼图、积木和走迷宫，家长可以考虑给宝宝报奥数、科学实验班、围棋；有的宝宝喜欢唱歌跳舞、模仿能力强，可以报声乐、钢琴、表演班等等。但要注意，家长的观察应该是长期性的，因为孩子年龄小，又不定性，兴趣点变得很快，真正爱好什么，家长要能做到了然于心。

爱好突出的宝宝，很容易做决定，但也有宝宝各方面都表现平平、兴趣不明显，是不是就没班可报了？对这类宝宝，家长可以制造一些发现他们特长的机会，比如陪孩子画画、运动等，观察其兴趣所在；家长还可以考虑第二原则，即针对宝宝性格中的弱势来选班。比如，一些表达能力比较差、胆小的孩子，可引导性地培养他们对朗诵、轮滑的兴趣，以增强孩子的表达能力，并锻炼胆量。

知道了孩子适合报哪些班后，家长还要征得宝宝的同意，最好能带宝宝去听几堂试听课程，看看宝宝的表现和是否喜欢，再做决定。

3. 及时跟踪

报完班、交完钱，宝宝开始入班学习了，但有的家长会发现宝宝上完几堂课后就不想再去，这种半途而废的现象在兴趣班中很常见。对于宝宝的反应，家长先要问问原因，让宝宝说说自己的想法，还要注意观察宝宝上课时的情况。有些孩子可能只是因为觉得形式枯燥、一下子跟不上，或看到和自己好的小朋友去上别的班了，就想打退堂鼓或是换个新班。这种情况下，家长要从增加兴趣出发，鼓励宝宝克服困难、坚持下去，不要轻易放弃，否则对培养宝宝的恒心和毅力、面对困难和挫折的勇气都是不利的；但如果孩子真的不感兴趣，或者根本不适合这个班，学起来也没什么效果，可以考虑尽早为孩子换一个班。

九十九　要给老师送礼吗

要过年了，听说有不少家长给老师送礼物。想想，自家的宝宝真的没少让老师操心，觉得也该有所表示。可该送什么？送了老师会收吗？

现在，家长给老师送礼的现象越来越多，有送现金的、有送礼品的，且大有红包越来越厚、档次越来越高的趋势。那么，到底该不该给老师送礼？送了，老师会不会收呢？这一送一收，让很多家长感到疑惑不解。

1．送与不送的争议

该不该给老师送礼这个话题，本身具有很强的争议性。赞成送礼的家长认为，给老师送了礼，宝宝会得到老师更耐心、更特别的照顾；或者认为送礼已成社会风气，一旦只有你不送，宝宝就可能在幼儿园受到不公正待遇，对于自理能力差的宝宝尤其不利。

反对的家长认为，把宝宝送到幼儿园是交了学费的，双方是一种契约关系、合同关系，是平等的，对宝宝的照顾是老师应尽的责任，如果照顾不好可以向园方或教育局投诉反映；而且，如果今年送礼了，那么明年、后年也必须送礼，不然老师的心理就会有落差，反而对宝宝不利，也会助长这种风气更加盛行。

2．送礼，要有良好的动机

那么，到底该不该送呢？家长给老师送礼，一般来说有四种情况：

一是礼尚往来，家长和老师建立了友谊，成为朋友，彼此有所往来；

二是出于感激，有的宝宝得到了老师正常教学工作外的特别照顾，如有的家长工作忙不能及时接宝宝时，老师把宝宝带回家，宝宝生病了得到老师特别的照顾等；

三是家长别有所求，希望借此要求老师给予宝宝特殊照顾，或者为了某一目的，如当班干部、参加一次特别的活动等，送礼之后，要求也跟着提出来；

四是从众心理，看到别的家长送礼，担心宝宝会因此被忽视、受到另眼看待，而跟着别人去送礼。

对于这几种情况，要具体问题具体分析。如果是前两种情况，都属于人之常情，家长送得心甘情愿，老师一般也会欣然接受，成为联络感情、加深友谊、互相配合的纽带。如果是第三种包藏私心的送礼，有些老师可能会委婉地拒绝，而一旦老师收了礼却没有达到家长的期望，局面就会很尴尬，反而可能使双方的关系僵化。无论是送礼的，还是收礼的都应该慎重；如果只是为了从众，或许就更加没有必要了。

一方面，即使不送礼，老师也应该承担教育和照料宝宝的责任；另一方面，若是家长因为送了礼增加了家庭经济负担，或是因此产生“我送礼了，老师就该特殊照顾我家宝宝”的想法，家长面对老师的心态、老师和家长的关系就都变得不那么单纯，反而难免生出误解、矛盾，那就不如干脆不送的好。

3. 对于送礼，老师的心里话

其实，绝大多数老师并不看重送不送礼，而更看重的是情，是家长能否与老师相互理解、能否主动配合老师做好教育工作，不过分挑剔与苛责老师。当然，如果在教师节、新年这样的时候，家长能够带着宝宝亲手制作的一张贺卡送给老师，老师会很高兴，因为这代表着宝宝、家长对老师的尊重、信任和认可；如果一家人外出旅游时，让宝宝为老师选一件纪念品、小礼物，老师也会欣然接受，因为这代表了宝宝、家长的惦念和心意。

而对那些目的性很强的、昂贵的礼物，就像个烫手山芋，真正有师德的老师往往会拒绝。因为，这对老师来说如同受贿，不仅有损老师的形象，削弱老师在孩子面前的威信，还会影响到正常的师生关系、家园关系，不利于老师对孩子进行公平、公正的教育和管理。

一〇〇　学会解读老师的评语

除了平日的家园联系册，每个学期结束时，老师都会给宝宝写评语。评语里面大多是夸奖的话，可最后两句让妈妈有点看不太明白，是在批评宝宝吗？

每个学期结束后，老师都会针对宝宝这一学期的表现写下评语。家长不要看到老师夸赞孩子就只顾得开心，看到老师的批评建议时就立刻忧心忡忡。要知道，幼儿园老师撰写的评语都是一分为二的，既赞扬了孩子的优点，也会含蓄地指出孩子的不足之处，需要好好品读一下。我们通过这几个例子，看看该怎样解读老师的评语。

评语一

乖巧文静的你，做什么事都是轻轻柔柔的。在老师眼里，你是个聪明懂事的小姑娘，从不和其他小朋友发生争执；你还是个爱护玩具的好孩子，每次老师都能看到你认认真真地把积木送回家，你真能干！老师还想和你说句悄悄话：希望你以后能经常举起你的小手，把你知道的告诉大家，好吗？你一定能做到的！

解析：

这是一位懂事、文静、乖巧的女孩，她做事细心、有条理，能和小朋友友好相处，这样的小朋友遵守规则，深得老师的喜欢。但她的缺点是胆小，不善于表达自己的想法，上课也不爱主动回答老师的问题。

支着：

鼓励孩子表达自己的想法。家长要多抽点时间带宝宝参加一些集体活动，多接触外面丰富多彩的世界；有什么事情，征求宝宝的意见，鼓励她说出自己的想法；在给宝宝讲故事时，有意识地给她提一两个问题，鼓励她回答问题，无论宝宝答得好坏，都要给予鼓励和称赞。相信越来越多的表达机会能增强宝宝的信心，让他敢于表达自己的想法。

评语二

搭积木、拼拼图是你最喜欢的活动，看到你那认真的模样，老师心里好喜欢；游戏中的你，总是不时地显露出你敏捷的思维和独特的见解，活泼的性格使老师、小朋友都喜欢你。希望以后你在各种活动中能够更遵守游戏规则，让老师、小朋友和你一起分享游戏的快乐！

解析：

这是一个活泼、开朗的男孩，做事专注投入，爱动脑筋，善于表达自己的想法，但缺点是有时缺乏自我控制能力，在玩游戏活动中会为了得到大家的赞赏而把规则抛于脑后，因此给他人带来了麻烦。老师希望这个孩子能在保持自己优点的同时，增强规则意识、不过分以自我为中心，并在活动中不影响他人。

支着：

锻炼孩子的自我控制能力，学会与人分享。即使在家里，家长也不要太迁就宝宝，不要总以宝宝为中心，并有意识地在做游戏、外出游玩、亲子互动活动中，为宝宝设定一些有难度的规则，逐渐强化他的规则意识；多带他参与需要多人才能完成的工作，体会到合作、互助的意义和好处，并学会看到别人身上的优点。

评语三

你是一名小小男子汉，无论做什么事都自己拿主意，在游戏中也常常获胜。你常说的话是："这很简单，听我的没错。"你真的很能干，但如果能虚心地听取别人的意见，你会发现自己学到的本领会更多。

解析：

这是一个聪明能干，但又骄傲自负的孩子。他很独立、有主见，在游戏活动中能积极表现自己，也爱领导别人。缺点是比较自负，不善于听取别人的建议，也可能很难面对失败。

支着：

适当地给予挫折教育。面对常处于顺境，又骄傲自负的孩子，有必要给他设置一些有难度的活动，给他一些挫折感，让他认识到自己并不是无所不能的，不可能在每一项活动中都能轻松取胜。同时，鼓励和引导他在活动中看到他人的长处，做到胜不骄、败不馁。

可见，读懂、读透老师写的评语才能更全面、深入地了解孩子，才知道怎样配合老师，达到家庭教育和学校教育最优化，培养出全面发展的宝宝。

一〇一　正常看待幼儿园的测评

幼儿园期末给孩子们做了一次测评，宝宝有两个方面的测评结果都不是很好，但爸爸妈妈却觉得这个结果和宝宝的实际情况有出入。

很多幼儿园每学期都要对幼儿进行发展测评，爸爸妈妈也都很关心这些测评的结果。虽然，各种形式的幼儿发育测评指标，都是根据对儿童生理、心理的大量观察、跟踪、研究和统计数据分析得来的，对不同年龄幼儿的发育还是有一定的科学指导意义。但这些发育指标，都是针对某个年龄段孩子的平均水平，而每个孩子的生理发育和能力发展都有着个体差异。所以，爸爸妈妈应该以科学、理智的态度来对待测评结果。

任何测评进行时，都可能存在诸多方面的影响，其结果未必完全真实反映孩子的水平、各种能力和知识的掌握程度。一般来说，影响测评结果的原因可能有：

第一，测评环境。如测评时周围有无其他因素的干扰，包括其他孩子的活动对被测幼儿注意力的分散程度、孩子对测评环境的熟悉程度，测评人与幼儿的熟悉程度等，都可能影响测评结果。

第二，测评方式。一般来说，幼儿比较习惯类似谈话式的交流方式，如果测评人用严肃、正规的一问一答的方式和孩子交流，往往会令孩子因为不知所措而影响测评结果。

此外，测评时孩子的精神状态、情绪和健康也都是影响测评结果的因素之一。所以，测评结果并不是孩子全部水平的展现，爸爸妈妈只要把幼儿园提供的测评内容和测评标准当作孩子发育发展情况的参考，并创造条件让宝宝全面健康成长就足够了。对孩子来说，接受知识的过程比单纯的结果更有价值。